|| ॐ श्री परमात्मनेनमः ||

AF081132

गीता गुँजन

श्रीमद्भगवद्गीताका संस्कृत से काव्यानुवाद

अनुवादकः

डॉ. सतीश सक्सेना 'शून्य'

BlueRose ONE

Stories Matter

NewDelhi • London

BLUEROSE PUBLISHERS
India | U.K.

Copyright © Dr. Satish Saxena Shunya 2023

All rights reserved by author. No part of this publication may be reproduced, stored in a retrieval system or transmitted in any form or by any means, electronic, mechanical, photocopying, recording or otherwise, without the prior permission of the author. Although every precaution has been taken to verify the accuracy of the information contained herein, the publisher assumes no responsibility for any errors or omissions. No liability is assumed for damages that may result from the use of information contained within.

BlueRose Publishers takes no responsibility for any damages, losses, or liabilities that may arise from the use or misuse of the information, products, or services provided in this publication.

For permissions requests or inquiries regarding this publication,
please contact:

BLUEROSE PUBLISHERS
www.BlueRoseONE.com
info@bluerosepublishers.com
+91 8882 898 898
+4407342408967

ISBN: 978-93-93386-45-8

Cover Design: Aman
Typesetting: Namrata Saini

First Edition: September 2023

विनय के दो बोल

गीता माता से मेरा नाता पुराना है-लड़कपन का। हमारे परिवार में श्री रामचरितमानस की वहुत प्रतिष्ठा रही है विशेष रूप से इस लिये भी कि हमारे पूर्वज परम आदरणीय राजा टोडर मल, जो कि शहंशाह अकबर के नवरत्न और भारत के वित्त एवं राजस्व मन्त्री थे, सन्त तुलसी दासजी के समकालीन और घनिष्ठ मित्र थे। रामचरितमानस की रचना का समापन तथा उसकी सुरक्षा उनके ही संरक्षण में हुई थी। मूल रामचरित मानस की प्रतिलिपियाँ कराने का श्रेय भी उन्हीं को जाता है। इसलिये हमारे परिवार में कुछ ऐसी परिपाटी चली आ रही है कि जैसे ही कोई बालक-बालिका पढ़ना-लिखना सीखता, उसके आगे रामायण रख दी जाती जिसे प्रतिदिन पढना उसके लिए एक अनिवार्यता होती थी। इसी कारण से मैंने भी बारह-तेरह वर्ष की आयु तक आते-आते उसे अनेकों बार आद्योपान्त पढी तथा बहुत कुछ याद भी हो गयी। पढ़ना मुझे अच्छा लगता था किन्तु बारम्बार एक ही ग्रन्थ को पढ़ना मुझे उबाऊ लगने लगा। तुलसी दास जी ने लिखा है कि "राम चरित जे पढत अघाहीं। रस विशेष जाना तिन नाहीं" परन्तु उस समय मेरी आयु इस रस को ग्रहण करने योग्य तो थी नहीं इसलिये सोचता था कि अब कुछ और पढ़ना चाहिये। हमारे सनातनधर्मी परिवारों में जिन दो ग्रन्थों की विशेष मान्यता है वे हैं रामायण और गीता। मैंने सोचा कि अब गीता पढ़ना चाहिये इसलिये मैंने अपने पिताजी पूज्य मुन्शी मथुरा प्रसाद जी से निवेदन किया कि मैं गीता पढ़ना चाहता हूँ, मुझे एक अच्छी सी गीता ला दीजिये। उन्होंने मुझे समझाया कि नहीं, अभी तुम रामायण ही पढो। मैंने उनसे कहा कि ठीक है यदि आप मुझे लाकर नहीं देंगे तो मैं अपने हाथ खर्च के पैसों से खरीद लाऊँगा। गीता पढ़ने के लिये मेरा दृढ़ निश्चय देख कर उन्होंने मुझे एक गीता लाकर दे दी। यह गीता प्रेस की छपी वह गीता थी जिसमें सामान्य भाषा-टीका तथा श्लोकों के अन्वय और पदच्छेद दिये गये थे। मैंने पिताजी से कहा कि आपने यह कैसी गीता लाकर दी है जिसमें कोई टीका आदि तो है ही नहीं। उन्होंने मुझे समझाया कि गीता और रामायण प्रासादिक ग्रन्थ है जिनसे प्रत्येक व्यक्ति को उसकी आध्यात्मिक प्रगति

और संस्कारों के अनुसार भाव और अनुभूतियाँ प्राप्त होती हैं। दूसरे लोगों को जो अनुभव हुए वे उन्होंने लिख दिये, भगवान तुम्हें क्या प्रेरणा देना चाहते हैं वह तो तुम्हें स्वयं उसके अध्ययन से प्राप्त होगी। इस तरह बारह-तेरह वर्ष की आयु से मैंने गीता पढ़ना आरम्भ कर दिया। उस समय गीता समझ में तो क्या आनी थी, किन्तु उससे मुझे संस्कृत पढ़ने समझने का चाव पैदा हो गया। मुझे गीता का ग्यारहवाँ अध्याय बहुत अच्छा लगता था सो मैं उसे चाहे जब पढ लिया करता था। समय के साथ गीता की कुछ समझ भी विकसित हुई किन्तु रामायण का क्रम निरन्तर चलता रहा।

बहुत वर्षों बाद, अब से कोई 48 वर्ष पूर्व, सन् 1975 में, फिर एक घटना घटी। उस समय मैं बरई-पनिहार में लोक निर्माण विभाग में उप यन्त्री के पद पर कार्य कर रहा था। गर्मी के समय दोपहर में अथवा खाली समय में वहीं पदस्थ एक पंचायत निरीक्षक श्री शर्माजी के घर चला जाया करता था। उनके यहाँ मैंने एक दिन देखा कि पानी की घिनौची के नीचे जमीन पर झूठे पानी से भीगती हुई एक पुस्तक पडी हुई है। कायस्थ होने के नाते कलम-दावात और पुस्तक हमारे लिये विशेष पूज्य वस्तुओं से हैं इसलिये मैंने तुरन्त उस पुस्तक को उठा कर देखा तो मेरे आश्चर्य और दुःख का ठिकाना नहीं रहा। मैंने देखा कि वह पुस्तक एक गीता थी जिसमें श्लोकों का अनुवाद चौपाइयों में किया गया था। पुस्तक को मैंने यत्न से सुखाया और आगे-पीछे के पृष्ठों को सुरक्षित किया।

प्रारम्भ में तो उसे पढ़ने में बड़ा आनन्द आया किन्तु जब थोड़ा गहराई से अध्यन किया तो कुछ विसंगतियाँ भी दिखने लगीं। उस गीता के अनुवादक थे पं. राम कुमार जी पाठक जो मध्यप्रदेश शासन के राजस्व विभाग में शिवपुरी में पदस्थ थे तथा सासनी, जिला अलीगढ, उत्तर प्रदेश के रहने वाले थे। सेवा से वे बहुत वर्ष पूर्व निवृत्त हो चुके थे अतः उनके सम्बन्ध में कोई विशेष जानकारी नहीं मिल सकी। यद्यपि उनके प्रति मेरा बहुत आदरभाव है किन्तु उस अनुवाद में मुझे सबसे बड़ी कमी यह दिखी कि उन्होंने अनुवाद करने में बहुत कन्जूसी बरतीं है। कई स्थलों पर उन्होंने पूरे एक श्लोक का अनुवाद मात्र एक चौपाई में कर दिया है जिससे उसका पूरा अर्थ गौण हो गया है। दोहे भी उन्होंने बहुत कम ही रखे हैं, लगभग 20-21 श्लोकों के बाद एक दोहा उन्होंने पर्याप्त समझा।

इस सम्बन्ध में मैं यहाँ एक छोटी सी घटना लिखना चाहता हूँ। हुआ यह कि भारत के एक मन्त्रीजी चीन गये। वहाँ उन्होंने एक सार्वजनिक सभा में भाषण दिया। दुभाषिया उसका चीनी भाषा में अनुवाद करता जा रहा था। मन्त्रीजी ने एक चुटकुला सुनाया जिसे सुनाने में उन्हें तीन-चार मिनट लगे। जब दुभाषिये ने उसका अनुवाद किया तो उसने केवल एक वाक्य बोला और सारी सभा हँसने लगी। सभा के बाद मन्त्रीजी ने उससे पूछा कि तुमने चुटकुले का अनुवाद इतनी जल्दी कैसे कर दिया? उसने बताया कि मैंने चुटकुला थोड़े ही सुनाया था, मैंने तो कहा था कि मन्त्रीजी ने हँसने की बात कही है, आप लोग हँसिये। बस सब लोग हँसने लगे। तो देखा आपने दुभाषिये के अनुवाद का कमाल !!

इन्हीं सब कारणों से मुझे स्वयं ही गीता का अनुवाद करने का विचार आया। व्यस्तता के कारण समय निकलता गया किन्तु इसकी शुभ घडी नहीं आई। 16 अगस्त सन् 2006 श्री कृष्णजन्माष्टमी की रात्रि को यह विचार पुनः जाग्रत हुआ और भगवान का नाम लेकर मैंने इसका शुभारम्भ कर दिया।

अनुवाद के लिये मैंने छंद दोहे-चौपाई तथा भाषा-शैली वही रखने की सोची जो रामचरितमानस की है। इसमें सबसे बड़ी बात यह है कि इसे सामान्यजन भी आसानी से समझ सकते हैं तथा संगीत के साथ इसका गायन-वादन भी हो सकता है। अनुवाद में मैंने इस प्रकार का कोई बन्धन नहीं रखा है कि एक श्लोक के अनुवाद के लिये कितनी चौपाइयाँ होनी चाहिये। श्लोक के मन्तव्य को स्पष्ट रूप से प्रस्तुत करने के लिये जितनी आवश्यक थीं वही उचित समझीं और रखीं। गीता का प्रतिपाद्य विषय अत्यन्त गूढ़ है तथापि जहाँ तक बना है भाषा सरल ही रखने का प्रयास किया है तथा उसका प्रवाह भी लयात्मक बनाये रखने का ध्यान रखा है। अनुवाद करने में समय भी बहुत अधिक लगा है क्योंकि यदि मौज होती तो एक दिन 10-12 श्लोक भी हो जाते और नहीं होना तो महीनों बाद ही भाव बनते। कुल मिला कर सब कुछ दैवी कृपा के आधीन ही चलता रहा। यह भी एक आश्चर्य जनक संयोग ही है कि ठीक चार वर्ष बाद 16 अगस्तh 2010, तुलसी जयन्ती के दिन ही यह कार्य सम्पन्न हुआ इस कार्य में मुझे कितनी सफलता मिली है इसका निर्णय तो हमारे सुधी पाठक ही करेंगे।

एक सामान्य सा प्रश्न यह है कि जब गीता की सहस्त्राधिक टीकाएं हैं तथा संसार की समस्त प्रमुख भाषाओं में उसका अनुवाद उपलब्ध है तो फिर एक और नया अनुवाद करने का क्या औचित्य है ? जैसा कि मैं पहिले ही निवेदन कर चुका हूँ कि गीता तथा रामायण प्रसादिक ग्रंथ हैं । इनसे प्रत्येक साधक को उनकी भावना तथा विचारशीलता के अनुसार अनुभूतियाँ प्राप्त होती हैं और यदि प्रत्येक व्यक्ति अपनी भावनाओं को व्यक्त करने में सक्षम हो तो गीता के कितने संस्करण हो जायेंगे, यह मात्र कल्पना का विषय है।

गीता का अध्यन, मनन तथा चिन्तन आत्मोद्धार का बहुत बडा साधन हैं परमात्मा की कृपा प्राप्त करने का यह एक उत्कृष्ट उपाय है । भगवान ने इसे स्वयं अपने श्रीमुख से कहा है जैसा कि अध्याय 18 के श्लोक 68 से 71 में व्यक्त किया गया है । जिसका अनुवाद यह है-

चौपाई: मो महँ पुरुष प्रेम जो राखे । अति रहस्यमय ज्ञानहिं भाखें ॥
वरणहि भक्तहिं गीता ज्ञाना । पावहि मोहि न संशय जाना ॥68॥
यह प्रिय कार्य करहि मम जोई । नहिं कोउ तासन बढ कर होई ॥
तासन कोउ पृथ्वी तल माहीं । अहहि न प्रिय कोउ होनेउ नाहीं ॥69॥
मम सम्वादरूप यह ज्ञाना । गीता शास्त्र धर्म मय जाना ॥
जे यह पढइ पुरुष धर ध्याना । ज्ञान यज्ञ पूजित में जाना ॥70॥
जे नर श्रद्धा धर मन माहीं । दोष दृष्टि जाके कछु नाहीं ।
गीता शास्त्र सुनहि धर ध्याना । तासु पाप सब जात नसाना ॥
पावइ श्रेष्ठ लोक मम सोई । उत्तम कर्म करत जो होई ॥71॥

गीता का अनुवाद करने में मुझे एक निजी लाभ यह भी लगा कि इस बहाने से इसका गहन अध्यन करने का अवसर प्राप्त होगया । श्लोकों का अनुवाद करने के लिये उनकी भावना को समझने के लिये मुझे अनेक संतों और विद्वानों की टीकायें तथा अनुवादों का अवलोकन करने का सुयोग मिला । इस तरह से ज्ञानयज्ञ करने में मुझे बड़ा आनन्द और संतोष का अनुभव हुआ । भगवान का भजन और समय के सदुपयोग का इससे अच्छा साधन भला और क्या हो सकता था ।

साहित्य सृजन और कवित्वशक्ति पूर्व संस्कारों तथा दैवी कृपा से ही प्राप्त होती है । प्रकृति से प्राप्त इस गुण का इससे अच्छा और क्या उपयोग हो सकता था ।

इस अनुवाद में त्रुटियों तो होंगी ही परन्तु उनसे मुझे किसी हानि की आशंका नहीं लगती क्योंकि संत तुलसीदास जी ने ही लिखा है कि –

तुलसी अपने राम को रीझ भजो या खीज ।
उलटो सीधो जामिहै खेत परौ जो बीज ।।

और यह तो सभी जानते हैं कि 'उल्टौ नाम जपत जग जाना । बाल्मीकि भये ब्रह्म समाना" । लेकिन, यह सब तभी सम्भव है जबकि भावना सही हो ।

गीता का प्रतिपाद्य विषय अत्यन्त गूढ है । भाषा का सरलीकरण भले ही हो जाये किन्तु उसके सिद्धान्तों को भली प्रकार से समझने के लिये पाठक द्वारा ईमानदारी से प्रयास और विद्वानों का मार्ग दर्शन आवश्यक है ।

गीता केवल एक आध्यात्मिक ग्रन्थ ही नहीं है अपितु यह तो अध्ययन, मनन, अनुशीलन का संविधान हैं जीवन की कण्टकाकीर्ण पथरीली पगडण्डियों से उबारकर सुख-संतोष के राजमार्ग पर ले जाने वाली मार्गदर्शिका है । इसकी उँगली पकड़ कर चलिये तो आपका जीवन दिव्य प्रकाश से जगमगा उठेगा । उसका अनुसरण करिये तो आपका जीवन शीतल मन्द सुगन्ध वयार से महकने लगेगा । गीता सीढ़ी नहीं वह लिफ्ट है जिसकी तीव्रगति से आपको आत्मसाक्षात्कार की उच्च्च अट्टालिका पर पहुँचने में कोई विलम्ब नहीं होगा ।

ग्रहस्थों के कार्य प्रायः परिवार के सहयोग से चलते हैं । जीवन में कुछ न कुछ खटर-पटर सदा चलती रहती है और चलती ही रहेगी । स्वाध्याय और भगवान के भजन न करने का एक बहाना यह भी बनाया जाता है कि घर-ग्रहस्थी में कहीं शान्ति नहीं मिलती या समय नहीं मिलता । एक छोटी सी कहानी यहाँ कहना चाहता हूँ । एक घुड़सवार जंगल में से हो कर कहीं जा रहा था । दोपहर हुई तो प्यास लगीं । ढूँढ़ने पर उसे एक कुआँ मिल गया जिस पर एक किसान रेंहट चला कर अपने खेतों की सिंचाई कर रहा था । सवार ने उतर कर मुँह हाथ धोये और जी भर कर पानी पिया । जब वह अपने घोड़े को पानी पिलाने लगा तो रेंहट चलने की आवाज चूँ-चरर मरर से घोडा बिदकने लगा । सवार ने किसान से कहा कि भइया

जरा अपना रेंहट चलाना बन्द कर दो । इसकी आवाज से मेरा घोड़ा बिदक रहा है सो पानी नहीं पी पा रहा । किसान ने जैसे ही रेंहट चलाना बन्द किया पानी चलना भी बन्द हो गया । निष्कर्ष यही है कि यदि पानी पीना है तो चूँ-चरर मरर के बीच ही पीना होगा । उससे बिदके तो प्यासे ही रह जाऐंगे । अगर भजन करना है अथवा स्वाध्याय करना है तो ग्रहस्थी की खटर-पटर में ही करने का अभ्यास कर लेना चाहिये । जिस प्रकार अखण्ड रामायण का पारायण किया जाता है, उसी प्रकार अखण्ड पाठ गीता का किया जा सके इसलिये इसका अनुवाद रामाचरित मानस की भाषा शैली से ही रचा गया है । गीता का अखण्ड पाठ मात्र 3 घण्टे में ही किया जा सकता । इसी के लिये प्राम्भ में ही पूजन का विधान भी दे दिया गया है । आशा है गीता प्रेमी भक्त जब इसका समुचित लाभ उठाकर पुण्य फल प्राप्त कर सकेंग ।

- डॉ0 सतीश सक्सेना 'शून्य'

आभार

इस ग्रंथश्रेष्ठ का अनुवाद करने में मेरा परिवार विशेषतः मेरे सुपुत्र (चि0) **मनीष सक्सेना**, (चि0) **निधीश सक्सेना** तथा पौत्र (चि0) **आरव सक्सेना** का पूर्ण सहयोग रहा है एतदर्थ उनको आभार सहित आशीर्वाद व्यक्त करता हूँ।

-'शून्य'

लेखक परिचय

नाम	-	डॉ. सतीश सक्सेना 'शून्य'
आत्मज	-	मुंशी मथुरा प्रसाद सक्सेना
जन्म	-	11 फरवरी 1936
स्थान	-	लहार, जिला भिण्ड, म. प्र.
सदस्य	-	संस्थापक सदस्य अ. भा.

होम्योपैथिक परिषद, ग्वालियर शाखा

सेण्ट्रल होम्योपैथिक एवं वायोकैमिक परिषद म.प्र.

अन्तर्राष्ट्रीय होम्योपैथिक लीग, जिनेवा, स्विट्जरलैण्ड

संस्थापक आदर्श चित्रांश समाज सेवढा जि. दतिया म.प्र.

समाज द्वारा ''कायस्थरत्न'' से सम्मानित

भू. पू. सम्पादक मासिक पत्रिका 'इन्जीनियर'

भू. पू. अध्यक्ष साहित्यिक संस्था 'तरुणोदय'

व्यवसाय- सहायक यंत्री लोक निर्माण विभाग से. नि.

प्रमुख चिकित्सक एवं निर्देशक-

'कायाकल्प' होम्योपैथिक चिकित्सालय एवं शोध संस्थान, ग्वालियर, म. प्र.

प्रकाशित साहित्य- गुरुगीता - स्कन्दपुराण से काव्य अनुवाद
आदित्य हृदय स्तोत्र - श्रीवाल्मीकि रामायण से काव्यानुवाद
श्रीचित्रगुप्त यमद्वितीया कथा - पद्मपुराण से काव्यानुवाद
गौरीशंकर चरितमाल-मस्तराम बाबा का जीवनचरित्र (काव्य)
सिविल इन्जीनियर डिप्लोमा अंतिम वर्ष के लिये कार्य संगठन एवं लेखा, भवन निर्माण, राजमार्ग निर्माण तथा सामग्री तकनीकी
पर चार पुस्तकें
चिकित्सा, ज्योतिष, अध्यात्म तथा संत साहित्य पर शताधिक लेखप्रकाशित
आकाशवाणी पर अनेकानेक वार्ताएं, कविताएँ तथा रेडियो एकांकी तथा रूपक प्रसारित

प्रकाशनाधीन साहित्य- गीतागुञ्जन-श्रीमद्भगवद्गीता का संस्कृत से दोहे-चौपाईयों
में काव्यानुवाद
सूक्तिसुधासार-संस्कृत की दो सौ सूक्तियों का दोहों में अनुवाद
स्तोत्र मालिका - संस्कृत साहित्य से चुने हुए 21 स्तोत्रों का विभिन्न छंदों में अनुवाद

निवास-	'मञ्जूषा', 134 - गायत्री विहार, ठाठीपुर, मुरार, ग्वालियर पि.को. 474011
दूरभाष-	निवास- 2342827 , चिकित्सालय-2344359
	मोबाइल- 09977423220
E-mail-	thatipur134@gmail.com

गीतागुञ्जन पूजन विधिः

पवित्रीकरणः

    सुमिरत जेहिं अघ ओघ नसाहीं । होंहिं पूत तन मन क्षण माहीं ॥
    होहिं अशुचि शुचि करत प्रणामा । कमल नयन अस पावन नामा ॥

तिलकः (यजमान को)

    सदा विष्णु रक्षा करें गरूण ध्वज भगवान ।
    कमल नयन मंगल करें हरि शुभता का दान ॥

रक्षासूत्र (कलावा)

    यह बाँधत रक्षा करें बलि नृपराज महान ।
    अचल सुरक्षा ये करे दानवेन्द्र बलवान ॥

आचमनः

चौपाई : प्रथम नाम केशव कर लीजे । पुनि माधव सन प्रीति कारीजे ।
    नारायण कर जप शुभ नामा । कर आचमन करिय शुभ कामा ॥

गणेश वंदनाः

दोहाः   प्रथम पूजिये गणपती, होवे कृपा अकूत ।
        ऋद्धि-सिद्धि जिनकी प्रिया, शुभ अरु लाभ सपूत ।

चौपाईः गणनायक गजवदन विनायक । उमा सुअन सुन्दर सब लायक ॥
        रोग, शोक, भय विघ्न विनाशक । सुर नर मुनि सेवित जग शासक ॥

एक दंत मोदक प्रिय नाथा । बार-बार नावहुँ पद माथा ॥
करन चहहुँ प्रभु पूजा पावन । नमो नमो गणपति गज आनन ॥

दोहाः श्रीकृष्ण को ध्याइये, करके मन एकाग्र ।
चित्त चित्त में रम रहे, मन भ्रम हरन कुशाग्र ॥

आवाहनः

गणेशजी- आवहु गणपति देव गजानन । ग्रहण करहु सुन्दर शुचि आसन ।
ऋद्धि- सिद्धि सह किजिय वासा । जब लगि पूजन कथा प्रकाशा ॥

वरुण देव- वरुण देव प्रभु परम कृपाला । करहु कलश महँ बास विशाला ॥

लक्ष्मी-विष्णु- श्री श्रीपति सह नाथ पधारहु । मम कारज सब भाँति सम्हारहु ॥

चौंसठ योगिनि- ध्यावहुँ तुमहिं योगिनी माई । सब मिल मो कहं होहु सहाई ॥
षोडश मात्रिका- गौरी पद्मा शची सुमेधा । स्वाहा विजया जया विभेदा ॥
स्वधा देवसैना सावित्री । हृष्टि पुष्टि तुष्टि जनयत्री ॥
आत्मदेवि जननी जग जननी । पूजिय षोडश मातृ सुकरनी ॥

सप्त मात्रिका- माहेश्वरि ब्राह्मी कौमारी । वाराही वैष्णवी हितकारी ॥
इन्द्राणी चामुण्डा देवी । सब शुभ सप्त मात्रिका सेवी ॥

नवग्रह देवता- ब्रह्मा विष्णु सदाशिव देवा । सूर्य चन्द्र मंगल बुध एवा ।
गुरू शुक्र शनि राहु सुकेतू । होवहु सकल शान्ति कर हेतू ॥

गुरु देव- गुरु ब्रह्मा गुरु विष्णु है श्री गुरुदेव महेश।
नमस्कार तेहि सदगुरुहिं पारब्रह्म नरवेश।।

सकल देव- सकल पधारहु देवता, देवी दया निधान।
करहु कृपा निज दास पर, होवहि सफल त्रिधान।।

श्रीकृष्ण गायत्री

॥ ॐ देवकीनन्दन विदमहे वासुदेवाय धीमहि तन्नो कृष्णः प्रचोदयात् ॥

ध्यानः

अतिशय शान्त आकृती जिनकी, शेषनाग शय्या आसीन ।
निसृत कमल नाभिसे जिनकी, सभी देव जिनके आधीन ॥
सकल जगत जिन पर आधारित, विस्तृत नभ सम सब में व्याप्त ।
नीलमेघ सम वर्ण सुहावन, अङ्ग अङ्ग को शोभा प्राप्त ॥
ध्यान योग कर योगी पाते, सब लोकों के हैं जो स्वामी ।
जन्म मरण के भय को हरते, होते भक्त स्वर्ग अनुगामी ॥
एसे लक्ष्मीजी के पति को, जिनके नयन कमल अनुहार ।
उन भगवान विष्णु को अर्पित, हैं प्रणाम मम बारम्बार ॥

ब्रह्मा वरुण मरुद्गण इन्द्रहु, रुद्र करें जिनका यश गान ।
दिव्य दिव्य स्तोत्र गान कर, करते स्तुति नित्य सुजान ॥
सामवेद के गायक करते अङ्ग, पदों क्रम सहित बखान ।
सह उपनिषद वेद से गायन, करते नित्य रूप धर ध्यान ॥
तदगत हो योगी जन जिनमें, ध्यानावस्थित हो मतिमान ।
मन में ही पाते हैं दर्शन, जिनको हो जैसा अनुमान ॥
नहीं जानते अन्त देवता, तैसे असुर नहीं तस धाम ।
एसे परम पुरुष नारायण, उन्हीं देव को अमित प्रणाम ॥

षोडसोपचार पूजनः

आवाहन- आवाहन श्री कृष्ण का, स्वागत करता दास।
जब तक पूजा अर्चना, तब तक करहु निवास॥

प्रतिष्ठा- हुइ सप्रान बसिये यहाँ, मम हित दीन दयाल।
करहूँ प्रतिष्ठित सकल विधि, श्री वासुदेव कृपाल॥

आसन- सब विधि सुख कर सौम्य शुचि, कोमल कान्त विशाल।
ग्रहण करहु आसन सुखद, श्री गोपाल दयाल।

पाध्य- ऊष्णोदक निर्मल विमल, सुरुचि सुगन्ध सुवास।
प्रभु पद कमल पखार हित, लेहु जान निज दास॥

अर्घ- अक्षत गन्ध सुपुष्प सह, अर्घ लीजिये नाथ।
बार-बार विनती करहुँ, तब पद नावहुँ माथ॥

आचमन-निर्मल जल तीरथ सलिल, मधुर सुगन्ध समेत।
ग्रहण करहुँ अर्पण करहुँ, नाथ आचमन हेतु॥

स्नान- गंगा यमुना सरसुती, रेवा नर्मद नीर।
करिय नाथ स्नान जिमि, पावहि शान्ति शरीर॥

पंचामृतस्नान-दूध दही घृत मधुर मधु, शुद्ध शर्करा युक्त।
देहुँ लेहु स्नान हित, करहि सो रोग विमुक्त॥

शुद्धोदक स्नान- सकल पाप हर वारि जो, मंदाकिन कर नीर ।
शुद्धोदक स्नान कर, कीजिये शुद्ध शरीर ॥

वस्त्र- सुन्दर सुरुचि सुरम्य शुभ, लज्जावरण सुचीर ।
धारण करिये वस्त्र प्रभु, हरिये भव की भीर ॥

यज्ञोपवीत- सूत्र जनित नव तार जो, त्रिगुण त्रिदेव समेत ।
ग्रहण करिय उपवीत ये, सविधि धर्म कर हेत ॥

गन्ध- चन्दन दिव्य सुगन्ध युत, करहि जो शीतल अंग ।
करिय विलेपन नाथ मम, पूजन पुण्य प्रसंग ॥

रोली- दिव्य कामना सहित जो, कुमकुम धरिये भाल ।
अर्पण सादर आपको, दीनन के प्रतिपाल ॥

अक्षत- कुमकुम चर्चित भाल पर, अक्षत मुक्ता सोहिं ।
ग्रहण करिय प्रभु भक्ति युत, अक्षत अक्षत होहिं ॥

पुष्प- कमल पुष्प सुन्दर विविध, चम्पक बेला फूल ।
अर्पित कर पूजहुँ प्रभू, हरहु सदा भव शूल ॥

पुष्पमाला- दिव्य पुष्प पल्लव ग्रथित, सुन्दर माला भेंट ।
श्रद्धा सुमन समेंट कर, पोयेउ सकल लपेट ॥

आभूषण- मणि माणिक मुक्ता सहित, स्वर्णभूषण रत्न ।
निज शरीर धारण करें, प्रभु मम यही प्रयत्न ॥

धूप- वनस्पतिक रस से बनी, उत्तम गन्धी धूप।
कीजिय सुफल सुगन्ध ले, अति दयालु सुर भूप॥

दीप- स्नेह वर्तिका सहित शुभ, प्रज्वलित पुण्य प्रदीप।
तिमिर हरण त्रैलोक्य हित, कीजिय ग्रहण सुदीप॥

नैवेद्य- घृत शक्कर मिष्ठान युत, मधुर स्वाद सम्पन्न।
ग्रहण करिय नैवेद्य प्रभु, विविध अन्न पक्वन्न॥

ऋतुफल- जम्बूफल अरु नारियल, रितुफल सुफल रसाल।
कदली फल कूष्माण्ड फल, कीजिय ग्रहण कृपाल॥

ताम्बूल-पुंगीफल- पुंगीफल ताम्बूल शुभ, एलादिक कर चूर्ण।
कीजिय लोंग कपूर युत, मुख सुवास परिपूर्ण॥

दक्षिणा- स्वर्णादिक मुद्रा मुदित, लीजिय कृपा निधान।
पूजहिं सब मन कामना, पावहिं शान्ति सुजान॥

संक्षिप्त पुस्तक पूजन:

पुस्तक को वस्त्र का आसन दे कर चौकी पर स्थापित करें। पुस्तक का पूजन में जल पृथ्वी पर डालें-

स्नान- मुख पंकज से प्रभू के, निसृत ज्ञान प्रवाह।
बारम्बार प्रणाम है, गीता सरित अथाह॥

रोली- सरस्वती तुम ही हो माता। सकल कला कौशल की ज्ञाता।
पुष्प-पुष्पमाला-मूढ जनों की बुद्धि प्रदाता। विद्वानों की तुम ही त्राता॥

धूप-दीप- नमो महादेवी सुख राशी । वाणी प्रभु की दिव्य प्रकाशी ॥

नैवेद्य- आचमन बारम्बार प्रणाम समर्पित । दया करो माँ मन हो हर्षित ॥

प्रणाम- करो कृपा निज दास पर, दो अमृत मय ज्ञान ।
शंकाओं की कालिमा, मिटे बनें गुणवान ॥

इति पुस्तक पूजन:
आरती- सूर्य चन्द्र पावक नखत, धरिणी तडित प्रतीत ।
ज्योति तुम्हारी तुमहिं लो, यह आरती पुनीत ॥

पुष्पांजलि- पुष्प मनोहर सुरभियुत, पावन परम नवीन ।
ग्रहण करिय पुष्पांजली, श्रीगोविन्द प्रवीण ॥

क्षमाप्रार्थना-जानहुँ मन्त्र न क्रिया कछु, नहिं कछु भक्ति विधान ।
पूजहुँ तब पद कमल प्रभु, क्षमहु चूक अनजान ॥

प्रदक्षिणा- जन्म-जन्म के पाप अरू, संचित कर्म अपार ।
पग पग देत प्रदक्षिणा, जार करत सब क्षार ।

विसर्जन- यथा शक्ति प्रभु पूजायेयु, जस कुछ बनेउ विधान ।
करहु गमन निज सदन शुभ, रक्षेउ दास अयन ॥

इति पूजा विधि

आरती:

जय भगवद्गीते, मइया जय भगवद्गीते
हरि-हिय कमल विहारिणी, सुंदर सुपुनीते ।। जय0 ।।

कर्म-सुमर्म-प्रकाशिनि, कामासक्ति हरा ।
तत्त्वज्ञान–विकाशिनि, विद्या ब्रह्म परा ।। जय0 ।।

निश्चल-भक्ति-विधायनि निर्मल मल हारी ।
शरण-रहस्य-प्रदायनि, सबविधि सुख कारी ।। जय0 ।।

राग-द्वेष-विदारणि, कारणि मोद सदा ।
भव-भव-हारणि, तारिण, परमानन्द प्रदा ।। जय0 ।।

आसुर-भाव विनाशिनी, नाशिनी तम रजनी ।
दैवी सदगुण दायिनी, हरि रसिका सजनी ।। जय0 ।।

समता, त्याग सिखवनि, हरि मुख की वानी।।
सकल शास्त्र की स्वामिन, श्रुतियों की रानी ।। जय0 ।।

दया-सुधा वरसावनि, मातु कृपा कीजै ।
हरि-पद-प्रेम दान कर अपनो कर लीजै ।। जय0 ।।

00000000000

॥ ॐ श्रीपरमात्मने नमः ॥

गीतागुञ्जन

श्रीमद्भगवद्गीताका संस्कृत से काव्यानुवाद

॥ अथ अनुवादक कृत मंगलाचरण ॥

दोहाः प्रथम सुमिर गणराज कहँ, पूजि शारदा माय।
वन्दन कर गिरिराज कर, गुरु पद शीश नवाय ॥

हरि मुखसे निसृत रुचिर, अनुपम ज्ञान महान।
श्रीमद्भगवद्गीता शास्त्र कहँ, जानत सकल जहान ॥

सांङ्ख्य भक्ति अरू नीति का, गीता है भण्डार।
ब्रह्मज्ञान का उपनिषद, योगशास्त्र आगार ॥

नहिं कवि कोविद अल्प मति, हूँ बालक नादान।
करन चहहुँ अनुवाद मैं, गीता गहन पुरान ॥

'गीतागुञ्जन' नाम से, भगवद्गीता' सार।
दोहा चौपाई रचूँ, भाषा सरल सम्हार ॥

कृष्णपक्ष जन्माष्टमी, भाद्र मास सुपुनीत।
सम्वत् त्रेसठ दुइ सहस, करी कथा से प्रीति॥

विनय यही इसमें बसें, नारायण साकार।
योगी यती ग्रहस्थ जन, सबको देवें तार॥

जेहि विधि अर्जुन का मिटा, मोह जनित अज्ञान।
मिटे सभी का, हो उदय, मन में नया विहान॥

कलियुग में भगवान का, नहीं रूप साकार।
वाणी का प्रभु रूप धर, करत जगत उद्धार॥

यही 'शून्य' की प्रार्थना, यही हृदय का भाव।
प्रभु की वाणी में बढ़े, सबका गहरा चाव॥

घर-घर गीता सब पढ़ें, गायन करें सप्रेम।
सत्पथ पर सबही चलें, धरें धर्म नित नेम॥

॥ इति अनुवादक कृत मंगलाचरण॥

॥ ॐ श्रीपरमात्मने नमः ॥

गीतागुञ्जन

श्रीमद्भगवद्गीता का संस्कृत से काव्यानुवाद

अथ प्रथमोध्यायः

धृतराष्ट्र कथनः

दोहा : धर्म क्षेत्र कुरुक्षेत्र में, युद्ध पिपासा धार।
पाण्डु पुत्र, अरु मम सुअन, जुरे सहित परिवार ॥ 1क ॥
सञ्जय मैं पूँछहूँ तुमहिं, कहहु सहित विस्तार।
युद्ध क्षेत्र में मिल सकल, कीन कौन व्यौहार ॥ 1ख ॥

सञ्जय कथनः

चौपाई : संजय कहेउ सुनहु महिपाला। दुर्योधन लख सैन विशाला ॥

पाण्डव अनी व्यूहयुत चीन्ही। गुरु पहँ जाय विनय अस कीन्हीं ॥ 2 ॥

हे आचार्य धरहु इत ध्याना। पाण्डव अनी विशाल महाना ॥
द्रुपद पुत्र तव शिष्य सुजाना। सो यह रचा व्यूह दृढ़ नाना ॥ 3 ॥

अर्जुन और भीम बल भारी। शूर विशाल विकट धनु धारी।
सात्यकि नृप विराट बलवाना। महारथी सब द्रुपद समाना ॥
धृष्टकेतु अरु चेकितान जहँ। काशिराज अति ओजमान तहँ ॥

पुरुजित कुन्तिभेज बलवाना । नर पुंगव अति शैव्य सुजाना ॥
युधामन्यु जो काल समाना । अतिहि उत्तमौज बलवाना ॥
महारथी अभिमन्यु सुवीरा । पाँचहुँ द्रुपदसुता सुत वीरा ॥ 4-5-6 ॥

हे नृपश्रेष्ठ सुनहु धर ध्याना । गनहु वीर मम सैन्य प्रधाना ॥
जो नायक मम सैना माहीं । विनवहुँ जो जेहि नाम कहाहीं ॥ 7 ॥

स्वयं आप अरु भीष्म महाना । कृपाचार्य रणजीत सुजाना ॥
अश्वत्थामा कर्ण विकर्णा । सोमदत्तसुत भूरिश्रवणा ॥ 8 ॥

अन्य अनेक शूर अरू वीरा । मम हित वारहिं त्राण शरीरा ॥
नाना भाँति शस्त्र जो धारें । युद्ध कला कोउ पात्र न पारें ॥ 9 ॥

भीष्म सुरक्षित निज वल नीका । परमित रहित अजेय अलीका ॥
भीम सुरक्षित अरि वल जोई । परमित सहज वशीकृत होई ॥ 10 ॥

दोहा: जो जेहिं अयन अवस्थित, सो तहँ रहहु सचेत ।
भीष्मपितामह की करो, रक्षा सब समवेत ॥ 11 ॥

सोरठाः कीन्हेउ केहरि नाद, दुर्योधन हिय हरष हित ।
शंख सुतीव्र निनाद, भीष्म प्रतापी फूँकयेउ ॥ 12 ॥

चौपाईः भेरी ढोल नगाडे बाजे । शंख गौमुखा अति रण गाजे ॥
तुमुल नाद अति भयेउ विशाला । व्यापेउ रव रणभूमि कराला ॥ 13 ॥

श्वेत वाजियुत रथ अति छाजै । तहँ माधव अरु पार्थ विराजे ॥
धारहिं दिव्य शंख मन भाये । तिनहू तब निज शंख बजाये ॥ 14 ॥

फूँकेउ पाञ्चजन्य बनवारी। देवदत्त अर्जुन बलधारी ॥
भीम भयानक कर्म प्रवीना। पौण्ड्रं शंख को सो सुर दीन्हा ॥ 15 ॥

कुन्तीपुत्र युधिष्ठिर राजा। शंख अनन्तविजय तिन गाजा।
नकुल सुधोष शंख तब फूंका। मणिपुष्पक सहदेवउ कूका ॥ 16 ॥

चौपाई: श्रेष्ठ धनुष घर काशि नरेशा। वीर शिखण्डी धर नर वेषा।
धृष्टद्युम्न विराट नृपाला। सात्यिक जिनहिं न रण कोउ घाला ॥ 17 ॥

द्रुपद द्रोपदी सुत रण धीरा। भुज विशाल अभिमन्यु सुवीरा।
जे जहं रहे तहाँ रण गाजे। निज निज शंख सकल दिशि बाजे ॥ 18 ॥

अति कठोर सो रव घनघोरा। पृथ्वी गगन व्याप्त चहुँ ओरा ॥
सुनत भयानक ध्वनि गुँजारे। कौरव दल के हृदय विदारे ॥ 19 ॥

तब अर्जुन चहुँ ओर निहारा। परखेउ कौरव दल विस्तारा ॥
सब धृतराष्ट्र स्वजन अवलोकी। युद्ध हेतु सन्नद्ध विशेखी ॥ 20 ॥

अर्जुन कथनः

शस्त्र प्रहार करन अवसाना। अर्जुन कहेउ सुनहु भगवाना ॥
सैन मध्य रथ रोपहु मोरा। दोऊ दल पेखहुँ चहुँ ओरा ॥ 21 ॥

देखन चहहुँ युद्ध अभिलाषी। रण व्यापार बने प्रत्याशी ॥
तब लगि रथ रोपहु इहि ठाहूँ। जब लग निज मति मैं ठहराहूँ ॥ 22 क॥

दोहा: युद्ध कामना धार हिय, जुरे आज रण माहिं।
किन सन उचित विरोध मोहि, किन सन समुचित नाहिं ॥ 22 ख ॥

चौपाई : देखहुँ जे नरशे रण आये। समर भूमि जिनके दल छाये ॥
दुर्योधन दुर्बुद्धि विशाला। तेहि हित जे रन जुटे कराला ॥ 23 ॥

सञ्जय कथन :

चौपाई: जब अर्जुन बोलेउ अस वचना। रथ उत्तम हाँकेउ श्रीकिशना ॥
दोउ सेना बिच ठाडा कीन्हा। भीम द्रोण नृप सन्मुख चीन्हा ॥
कहेउ कृष्ण हे पार्थ सुजाना। देखहु कौरव दल विधि नाना ॥
जिन सब मिल रन रौरव ठाना। सकल विलोकहु इहि स्थाना ॥
24-25 ॥

तब अर्जुन देखेउ धर ध्याना। सेनन बिच सम्बन्धी नाना ॥
चाचा ताऊ दादा देखे । पर दादा गुरु मामा लेखे ॥
पुत्र पौत्र भ्रातादिक मीता। ससुर सुहृद अरु मित्र सुचीता ॥
26-27 ॥

सकल वन्धु-बान्धव जन जाना। समर विलोक पार्थ अकुलाना ॥
भयेउ दुखी करुणा उर व्यापी। बोलेउ वचन हृदय परितापी ॥ 28 ॥

अर्जुन कथन:

छंद: देखहुँ निज परिजन, भावहिं जिन रन, केहि विधि मैं जिय धीर धरों।
मेरो मुख सूखहि, बदन पसीजहि, शिथिल अंग, कस रार करों ॥
डोलहिं पग डग-मग, घूमत सब जग, कम्पित तन, रोमाञ्च भरों।
गाण्डीव गिरत कर, जरत त्वचा ज्वर, भ्रमत शीश, कहुँ गिर न परों ॥

मम हृदय विकल अति, नहिं कछु सूझत, बारम्बार विचार करों।
शोकाकुल मम मन,सम्मुख निज जन, केशव केहि विधि युद्ध लरों ॥29 -
30॥

सोरठा: लक्षण हूँ विपरीत, देखहुँ मैं जिन कहँ अचल।
नहिं कल्याण प्रतीत, स्वजन बन्धु मारे सकल ॥ 31 ॥

चौपाई : कृष्ण ! न मोहि विजय अभिलाषा। चहहुँ न भोग न राज्य सुपासा ॥
कहा लाभ पाये अस राजा। कहा भोग कस जीवन काजा ॥ 32 ॥

राज्य भोग जिनके हित लागी। जुरे जियन की आशा त्यागी ॥
कहा लाभ अस वैभव पाये। जेहिं हित निज जन जान गवांये ॥ 33 ॥

गुरुजन चाचा ताऊ आए। दादा मामा पुत्रहु छाए ॥
साले ससुर प्रपौत्र आदि जन। समर हेतु देते आमन्त्रन ॥ 34 ॥

ये यदि वधें मोहि मधुसूदन। तदपि न मैं कछु करहुँ विरूपन ॥
हतहुँ न राज्य त्रिलोकहु पाये। कहीं कहा पृथिवी केहिं घाये ॥ 35 ॥

जो धृतराष्ट्र सुतन हम नासें। हर्ष न कछु पावहिं हम यासें ॥
आतताइ जे रन अनुरागी। मारत होहिं पाप के भागी ॥ 36 ॥

माधव कौरव बन्धु हमारे। नहिं हम योग्य कुटुम्ब संहारें ॥
निज परिवार विनासइ जोई। कहहु श्याम केहि विधि सुख होई ॥ 37 ॥

जदपि लोभ वस मति विनसाई। कुल क्षय दोष न बुद्धि समाई ॥
मित्र द्रोह पातक नहिं देखे। केवल मनहिं लोभ अवरेखे ॥ 38 ॥

तदपि जनार्दन हम यह जाना। कुल क्षय दोष होहिं विधि नाना॥
मित्र द्रोह पातक कहँ टारी। तब केहि हेतु न करहिं विचारी॥ 39॥

दोहा: नाश होत कुल कर जबहिं, धर्म सनातन लोप।
नाशत ही कुल धर्म के, होत पाप कर कोप॥ 40॥

चौपाईः जबहिं पाप कुल महँ अधिकाई। कलिषुत कुल स्त्रिय हुई जाई॥
होहिं पतित नारी जेहिं गेही। जनम वर्णसङ्कर तेंहिं लेही॥ 41॥

नरक वर्णसङ्कर ले जाहीं। कुल, कुल घातिहिं संशय नाहीं॥
श्राद्ध और तर्पण बिनु पायें। पितरहु नर्क लोक को जायें॥ 42॥

दोष वर्णसङ्कर के जोई। कुल कर धर्म विनासहिं सोई॥
कुल धातिन के धर्म सनातन। नहीं बेर कछु लागत जातन॥ 43॥

सुनहु जनार्दन हम सुन आये। जिनके कुल सद्धर्म नसाए॥
ते जन करहिं नरक महँ बासा। काल अनिश्चित अंत दुरासा॥ 44॥

हाय! शोक हम बुधि वल पाये। महापाप करने जो धाये॥
राज लोभ सुख लोभ हमारे। स्वजन हतन हित शस्त्र संभारे॥ 45॥

शस्त्र रहित मम सम्मुख आये। समर न कछु प्रतिरोध दिखाये॥
यदि कौरव मारहिं रण मोही। लागत अधिक लाभ कर सोही॥ 46॥

सञ्जय कथनः

दोहा : अस कह सो सन्तप्त मन, अति उद्विग्न हिय हार।
रथ पीछे बैठत भयेउ, शर सह चाप उतार॥ 47॥

॥ ॐ तत्सदिति श्रीमद्भगवद्गीतासूपनिषत्सु ब्रह्मविद्यायां योगशास्त्रे
श्रीकृष्णर्जुनसंवादेऽर्जुनविषादयोगे नाम पृथमोऽध्याय ॥ 1 ॥

****

हरिः ॐ तत्सत्   हरिः ॐ तत्सत्   हरिः ॐ तत्सत्

****

|| ॐ श्रीपरमात्मनेनमः ||

गीतागुञ्जन

श्रीमद्भगवद्गीता का संस्कृत से काव्यानुवाद

अथ द्वितीयोध्याय:

सञ्जय कथन :

दोहा : अश्रुपूर्ण व्याकुल नयन, शोक युक्त अति म्लान।
लख अर्जुन की यह दशा, बोले श्री भगवान ॥ 1 ॥

श्री भगवान वचन:

चौपाईः असमय कस व्यापा यह मोहा। अर्जुन नहिं सत्पुरुषहिं सोहा ॥
यह नहिं स्वर्ग हेतु उपकारी। नतुर बढावहि कीर्ति तुम्हारी ॥ 2 ॥

अतः नपुंसकता तुम त्यागो। नहिं यह उचित वीर रस पागो ॥
छुद्र हृदय दुर्बलता छोड़ो। उठो युद्ध से नाता जोडो ॥ 3॥

अर्जुन कथन:

मधुसूदन मोहि देहु बताई। केहि विधि गुरु सन करों लराई ॥
भीष्म द्रोण मम पूज्य सुवीरा। कैसे इन पर छाँडहुँ तीरा ॥ 4 ॥

अतः न मैं मारहूँ ये गुरुजन। उचित अन्न खावहुँ भिक्षा सन ॥
जो मारहुँ ये गुरु जन लोगा। रुधि सिक्त भोगहुँ धन भोगा ॥ 5 ॥

युद्ध करहिं अथवा ना करहीं। कहा श्रेठ नहिं बुधि अनुसरहीं ॥
को जीतहि हारहि रन माहीं। कहा होय हम जानत नाहीं ॥

चौपाईः जय पावहिं अथवा हम हारें। कहा लाभ कौरव दल मारें ॥
जिन्हैं हतें जीवन धिक् आशा। ते ठाडे लै युद्ध पिपासा ॥6 ॥

कायरता वश मोर सुभाऊ। धर्म अधर्म न जानहि काऊ ॥
जेहि विधि होय परम कल्याना। सो सब साधन कहहु बखाना ॥
मोहि उपदेसिय सो सब नीती। मैं तब शिष्य धरहु गुरु रीती ॥ 7 ॥

जद्यपि मैं पावहुँ बड राजू। निष्कण्टक धन-धान्य सुसाजू ॥
होंहुँ सकल देवन कर स्वामी। अमर बनहिं मोरे अनुगामी ॥
तदपि न सो उपाय अवलोका। हरहि त्रास इन्द्रिन कर सोका ॥ 8 ॥

सञ्जय कथनः

चौपाईः सञ्जय कहेउ सुनहु महिपाला। अस कह अर्जुन भयेउ विहाला ॥
मैं नहिं युद्ध करहुँ भगवाना। तेहि क्षण मौन धरेउ बलवाना ॥ 9 ॥

सोरठाः सुन अर्जुन के वैन, समर मध्य करुणा भरे।
विहँसे राजिव नैन, वचन कहे एहि विधि हरे ॥ 10 ॥

श्रीभगवान वचनः

चौपाई : शोक योग्य जो नर जग माहीं। तिन कर शोक करहु केहि पाहीं ॥
जे नर मरे जियत जे अहहीं। पण्डित जन कछु शोक न करहीं ॥ 11 ॥

नाहिन अस नहिं मैं केहु काला। नतुर तुमहु अरु ये महिपाला ॥
होयहहिं पुनि भविष्य सब लोगा। अविचल चलत यहहि संयोगा ॥ 12 ॥

जिमि जीवात्मा की यह देहा। बालक युवा वृद्धता गेहा ॥
तस यह पावहिं अन्य शरीरा। मोहित होत न इहि महँ धीरा ॥ 13 ॥

शीत ताप दुख-सुख जो देहीं। इन्द्रिय विषय जनित सब तेहीं ॥
ते अनित्य उपजहिं विनसाईं। भारत तिनहिं सहहु जग माहीं ॥ 14 ॥

जो भोगहि दुःख सुख सम जानी। इन्द्रिय और विषय सुख मानी ॥
धीर पुरुष ते परम विरागी। अंतहुँ होंहिं मोक्ष के भागी ॥ 15 ॥

असत् वस्तु जग सत्ता नाहीं। सत कर नहिं अभाव जग माहीं ॥
तत्त्वज्ञान राखहिं जो ज्ञानी। उभय वस्तु देखहिं यह जानी ॥ 16 ॥

सकल सृष्टि में व्यापक जोई। जानइ नाश रहित जग सोई ॥
अस समर्थ नाहीं जग कोई। नाश सकहि अविनाशिहिं जोई ॥ 17 ॥

जीवात्मा अविचल अविनाशी। स्वयं सिद्ध अरु नित्य प्रकाशी ॥
तासु शरीर सकल जो भासहिं। अर्जुन सो अनित्य अरु नशाहिं ॥
अस विचार निज बुद्धि दृढाई। सकल सोच तज करहु लडाई ॥ 18 ॥

आत्महिं मरणशील जो जाना। अथवा याहि मरा कर माना ॥
उभय पक्ष यह तथ्य भुलाहीं। जीवन मरन आत्महिं नाहीं ॥
ये काहू के मरे न मारे। नहिं काहू की मृत्यु संभारे ॥ 19 ॥

आत्महिं अजर अमर बतलाहीं। कौनउ काल जन्म एहि नाहीं ॥
मरइ न कबहुँ न पुनि यह जनमइ। होय पृथम पुनि होय न विनसइ ॥

सब विधि नत्य सनातन येही। अति प्राचीन अजन्मा गेही॥
भलेहि नाश यह पाय शरीरा। मरइ न आत्मा सुनु मति धीरा॥ 20॥

दोहाः जो जानहि यह आत्महिं, जन्म रहित अरु नित्य।
अविनाशी अव्यय सदा, निर्विकार निष्कृत्य॥ 21क॥
केहि विधि सो मरवाइ कोउ, कैसे मारहि और।
पारथ जो यह जानता, होहि ज्ञान सिरमौर॥ 21ख॥

चौपाईः जिमि नर तजत मलीन पुराने। धारत नये वस्त्र मनभाने॥
तिमि जीवात्मा तजत शरीरा। पावत तन नवीन जिमि चीरा॥ 22॥

चौपाई: आत्महिं शस्त्र काट नहिं पाईं। नाहीं इहि कर अग्नि जराई॥
घोल न सकइ तरल जल याही। नहिं समर्थ जो वायु सुखाई॥ 23॥

छिदत न दहहि आत्मा अहही। कटहि न सूख न संशय गहही।
नित्य सर्वव्यापी अरु अविचल। स्थिर और सनातन अविकल॥ 24॥

यह अचिन्त्य अव्यक्त कहाई। नहिं आतमहिं विकार समाई॥
इहि विधि आत्मारूप विलोकू। हे अर्जुन तुम करहु न शोकू॥ 25॥

जो यह जानहु जनमन हारी। मरनशील आतमाहिं विचारी॥
तबहुँ उचित पारथ यह नाहीं। जो तुम धरहु शोक मन माहीं॥ 26॥

जो तुम यह मानहु मन माहीं। यह निरुपाय शोक कृत नाहीं॥
जो जनमइ सो निश्चित मरही। पाय जनम सो पुनि तन धरही॥ 27॥

अर्जुन! जन्म पूर्व सब प्राणी। होत न प्रकट सुनहु मम वाणी ॥
होहिं गुप्त पुन जीव पर ही। केवल मध्य काल प्रकटाहि।
यही होत स्थिती जीव की। तासों नहीं कुछ दशा शोक की ॥ 28 ॥

कोउ कोउ महापुरुष इहि पेखहिं। मन आश्चर्यजनक अवरेखहिं ॥
बुधजन कोउ आतमहिं जानी। तत्व सहित यहँ कहहिं बखानी ॥
कोऊ अन्य आतमहिं सुनहीं। मनहिं आचरजवत इहि गुनहीं ॥
औरउ कोउ सुनहिं यह ज्ञाना। रहहिं अवोध जदपि वह जाना ॥ 29 ॥

सोरठाः सकल जीवगण माहिं, आत्महिं जान अवध्य।
अर्जुन! कुछ दुख नहीं, प्रणिन हित यह मध्य ॥ 30 ॥
चौपाईः जो तुम अवलोकहु निज धर्मा। करहु न भय कछु तुमरो कर्मा ॥
अन्य न अस हितकर जग माहीं। धर्म युद्ध क्षत्रिय कुल पाहीं ॥ 31 ॥
स्वतः पार्थ यह शुभ दिन आयेउ। खुले स्वर्ग के द्वारे पायेउ ॥
क्षत्रिय जो अतिशय बडभागी। धर्मयुद्ध पावहिं हित लागी ॥ 32 ॥

जो तुम करहु न यह संग्रामा। अतिशय धर्मयुक्त बलधामा ॥
धर्म कीर्ति सब नाशहिं तेरी। पावहु अपयश पाप निवेरी ॥ 33 ॥

होइहहि अति अपकीरति तेरी। दीर्घ काल चर्चा तेहि केरी ॥
माननीय जे जन जग ज्ञानी। मृत्यू से अपयश बड जानी ॥ 34 ॥

जो तुम कहँ अतिशय आदरहीं। ते तज मान तुमहिं निरदरहीं ॥
महारथी आदिक बल धामा। भयवश जान युद्ध उपरामा ॥ 35 ॥

चौपाई : वैरी सब निन्दहिं वल तोरा । कहहहिं वहु दुर्वचन कठोरा ॥
इहि ते अधिक कहहु दुख कौना । जानहिं जग दारुण दुख जौना ॥ 36 ॥

जो तुम युद्ध वीर गति पावहु । भोगहु स्वर्ग फेर नहीं आवहु ।
जीतहु रन तो पावहु राजा । पृथ्वी पति बन साजहु साजा ॥
अस विचार कर दृढ मन माहीं । उठहु करहु रन संसय नाहीं ॥ 37 ॥

दोहा : जानहु दुख-सुख जय-विजय, समता हिय में धार ।
हुइ सन्नद्ध जूझहु समर, होय न पाप तुम्हार ॥ 38 ॥

चौपाई : अब लगि तोय दयेउ जो ज्ञाना । ज्ञान योग ताकहँ सो जाना ॥
कर्मयोग अब देवहुँ तोही । सुनहु ध्यान धर अर्जुन ओही ॥ 39 ॥

कर्मयोग यह अति हितकारी । नाशत नहिं प्रारम्भ विचारी ॥
होत न फल सरुप कछु दोषा । अल्पहु ज्ञान योग जो पोसा ॥
इहि कर साधन उत्तम होई । जन्म मृत्यु भय पाव न कोई ॥ 40 ॥

अर्जुन! कर्मयोग के माहीं । एकहि निश्चित बुद्धि कहाहीं ॥
कर्मयोग जो नर नहिं जाना । तिनके बुद्धि विविध विधि नाना ॥
भेद अनेक अनन्त विशाला । सो बुध जन जानहिं तत्काला ॥ 41 ॥

भोगन महँ तन्मय जो प्राणी । धारहिं रति वेदन की वाणी ।
कर्म फलन की करहिं बड़ाई । जानहिं स्वर्गहिं परम कमाई ॥
ते अविवेकी कहहिं सुनाई । वाणी शोभा युक्त बनाई ॥
जन्म रूप ताकर फल होई । भोग और एश्वर्य समोई ॥
वर्णहिं विविध क्रिया तेहि लागी । सकल कामना भ्रममहिं जागी ॥

जिनके चित्त भ्रमे इहि लागी। भे एवर्य भोग अनुरागी॥
इन पुरुषन महँ ईश्वर काजा। नहिं दृढ़ निश्चय बुद्धि विराजा॥ 42-44॥

चौपाईः करहिं वेद भोगहिं प्रतिपादित। जे तीनहँ गुन गन आधारित।
धरहु न सो महँ आसक्ती। हर्षशोक जस द्वन्द्व विरक्ती॥
नित्य वस्तु ईश्वर महँ स्थित। योग क्षेमहू से मन रक्षित॥
पार्थ नहीं इनके बस जीना। अन्तःकरण सदा स्वाधीना॥ 45॥

दोहा: चहुँ दिशि पूर्ण जलाशयहिं, जो मनुष्य कोउ पाहि।
ताहि प्रयोजन का रहहि स्वल्प नीर सर माहिं॥ 46क॥
एहि विधि जानहिं ब्रह्म जे, तत्त्वरूप मय ज्ञान।
नहीं प्रयोजन कछु रहहि, ब्राह्मण वेद विधान॥ 46 ख॥

चौपाईः कर्म करन हित तुम अधिकारी। नहिं फल महँ वासना तुम्हारी॥
अर्जुन बनहु न फल कर हेतू। कर्म करन हित रहहु सचेतू॥ 47॥

अर्जुन तुम आसक्ती त्यागहु। सिद्धि असिद्धि एक कर जानहु॥
करहु कर्म अस नीति विचारी। निज कर्तव्य योग इमे धारी॥
गनहु समान सकल हित अनहित। यहहि समत्व योग सुनु धर चित॥ 48॥

कर्म सकाम सकल जो गावा। बुद्धि योग सम सो नहिं पावा॥
जानहिं ताहि निम्न श्रेणी महँ। बुद्धि योग से हो तुलना जहँ॥
बुद्धि योग सो धरहु धनञ्जय। जो फल हेतु दीन सो अतिशय॥ 49॥

सम बुद्धी युत जे नर आहीं। पाप-पुण्य ते तजत यहाँही॥
होहिं मुक्त बाँधहिं नहिं कर्मा। समता योग जान जो मर्मा॥

कर्म कुशलता समता योग । छुटहिं कर्मबन्धन से लोगा ॥ 50 ॥

समता बुद्धि युक्त जो ज्ञानी । कर्म फलहिं त्यागहिं ते प्राणी ॥
जन्मरूप बंधन ते छोरी । निर्विकार पद परम बटोरी ॥ 51 ॥

दोहा: मोहरूप दलदल जबहिं, तो मति पावहि पार ।
सो तब सुनहु जो सुनहु अब, सब जानहु निरधार ॥ 52क ॥
पावहु तब वैराग्य तुम, त्याग भोग की आश ।
दुहु लोकन में नहिं कछू, जो बाँधहि निज पाश ॥ 52ख ॥

चौपाई: विविध वचन सुन सुन मति तेरी । भइ विचलित अरु संशय घेरी ॥
प्रभु महँ जब अविचल ठहराई । पाहु योग ईश्वरहिं समाई ॥ 53 ॥
अर्जुन कहेउ सुनहु भगवाना । स्थित प्रज्ञाहिं केहि विधि जाना ॥
जिन पायेउ प्रभु लागि समाधी । केहि विधि जीवहिं सहित उपाधी ॥
केहि विधि बोलहिं बैठहिं सोई । स्थितप्रज्ञ चलत किमि होई ॥ 54 ॥

श्री भगवान वचनः

चौपाई: अर्जुन सुनहु कहेउ भगवाना । स्थितप्रज्ञ मनुज जिमि जाना ॥
मनकी सकल कामना त्यागी । जबहिं होय सब तज उपरागी ॥
तुष्टहि जब आत्मा आत्मा महिं । स्थितप्रज्ञ कहहिं सब ता कहिं ॥ 55 ॥

दुःख पाये उद्वेग न जाके । सुख पाये स्पृहा न ताके ॥
सकल राग भय क्रोध नसाई । अस मुनि स्थिर बुद्धि कहाई ॥ 56 ॥

जो सर्वत्र स्नेह विनु होई । जो सुख पाय न सुख महँ खोई ॥
पाय अशुभ न दुखी मति जाकी । द्वेष रहित स्थिर मति ताकी ॥ 57 ॥

दोहा: कछुआ जिमि निज अङ्ग कहँ, आपुन लेत समोय।
मनुज इन्द्रियन के विषय, तैसइ लेत विगोय ॥ 58क ॥
जब अस बनइ सुयोग तब, जान लेहु मन माहिं।
स्थिर मति ताकी भई, या महँ सशय नाहिं ॥ 58ख ॥

चौपाईः होंहि निवृत्त विषय सब तिनके। विषय न ग्रहहिं इन्द्रियाँ जिनके ॥
तदपि न मन त्यागहि आसक्ती। जदपि प्रकट नहिं सकल विरक्ती ॥
स्थितप्रज्ञ परमात्महिं जानी। नाशत सकल वासना ज्ञानी ॥ 59 ॥

नहिं आसक्ति नाश जेहि काला। इन्द्रिय मथहिं मनहिं विकराला ॥
जद्यपि मनुज ज्ञान निधि जाना। तदपि हरहि मन अति बलवाना ॥ 60 ॥

अतः उचित साधक कहँ येही। सकल इन्द्रियन वस कर लेही ॥
तबहि समाहित कर चित ध्याना। होय परायण मोर सुजाना ॥
स्थिर बुद्धि होत हैं ताकी। सकल इन्द्रियाँ वश में जाकी ॥ 61 ॥

चिन्तन करइ विषय कर जोई। दृढ आसक्ति प्रकट तिन होई ॥
तब कामना हृदय उपजाई। तासु विघ्न मन क्रोध बढाई ॥ 62 ॥

मूढभाव उपजइ अति क्रोधा। क्रोध जनइ स्मृति भ्रम वोधा ॥
भ्रमत बुद्धि तब ज्ञान नशावहि। नाशत बुद्धि पतन नर पावहि ॥ 63 ॥

अन्तःकरण जासु आधीना। इन्द्रिय रागरु द्वेष विहोना ॥
विचरण करत विषय के माहीं। अन्तःकरण बीच हर्षाहीं ॥ 64 ॥

अन्तःकरण होत जब हर्षित । सकल दुःख नाशहिं ताके हित ॥
अस प्रसन्न चित्त जो नर भोरा । भ्रमत न बुद्धि तासु चहुँ ओरा ॥
चित्त होत स्थिर प्रभु मांहीं । भक्त कर्म योगी जो आहीं ॥ 65 ॥

चौपाईः मन इन्द्रिय जो जीत न पाईं । तिन महँ बुद्धि होत दृढ नाहीं ॥
नहिं भावना बसहि तिन माहीं । विनु भावना शान्ति किमि पाई ॥
नहीं शान्ति जिनके मन बसई । सो मनष्य सुख पाय न सकई ॥ 66 ॥

दोहाः जल मे तिरती नाव को, हरती वायु प्रचण्ड ।
तिम विषयन वश इन्द्रियन, बुद्धि होत शत खण्ड ॥ 67क ॥
इन्द्रिय वश जिस विषय में, सोइ इक दोष अकेल ।
तस अयुक्त वा मनुज की, बुद्धिहिं हरत सकेल ॥ 67ख ॥

चौपाईः सुनहु महावाहो मम वानी । स्थिर बुद्धि तासु पहिचानी ॥
इन्द्रिय रहत युक्त सब बाकी । इन्द्रिय विषय न हर मन जाकी ॥ 68 ॥

चौपाईः जेहि निशि सोवहिं सब जग प्रानी । तेहि निशि जगहिं परम ऋषि ज्ञानी ॥
जागहिं जेहि सुख हेतु अयाना । स्थितप्रज्ञ रात्रि सम जाना ॥ 69 ॥
जिमि सरिता सागर महँ जाई । सागर ता सन विचलित नाहीं ॥
तेहि विधि सब जग भोग विलासा । स्थित प्रज्ञ शान्ति नहिं नाशा ॥
नहिं कछु मन महँ होत विकारा । पावत अक्षत शान्ति अपारा ॥ 70 ॥

सकल कामना नर जो त्यागी। ममता अहङ्कार उपरागी॥
विचरहिं विना स्पृहा जोई। पावहिं अटल शान्ति नर सोई॥ 71 ॥

दोहा: ब्रह्मस्थिति को पाय नर, मोहित होत न नेक।
ब्रह्मानन्दहिं पाय सो, अंतकाल दुःख छेंक॥ 72 ॥

॥ ॐ तत्सदिति श्रीमद्भगवद्गीता सूपनिषत्सु ब्रह्मविद्यायां योगशास्त्रे श्रीकृष्णर्जुनसंवादे साङ्ख्ययोगो नाम द्वितीयोध्यायः ॥ 2 ॥

****

हरिः ॐ तत्सत् हरिः ॐ तत्सत् हरिः ॐ तत्सत्

****

॥ ॐ श्रीपरमात्मनेनमः ॥

गीतागुञ्जन

श्रीमद्भगवद्गीता का संस्कृत से काव्यानुवाद

अथ तृतीयोध्यायः

अर्जुन कथनः

दोहा : अर्जुन कहेउ जनार्दन, मम मन शंका आहि।
ज्ञान श्रेठ यदि कर्म से, करहुँ युद्ध फिर काहि ॥ 1 ॥

चौपाईः वचन कहहु कछु मिश्रित ऐसे। मोहित होत बुद्धि मम तैसे ॥
केशव कहहु वचन सोइ निश्चित। जेहिं महँ मम कल्याण अवस्थित ॥ 2 ॥

श्रीभगवान वचनः

केशव कहेउ पार्थ यह सुनहू। पूर्व काल जेहि विधि मैं कहेहू ॥
इहि जग निष्ठा दुइ विधि होई। केहि विधि सुनहु बतावहुँ सोई ॥
योगी जो साधहिं जग योगा। कर्मयोग तिन कर उद्योगा ॥ 3 ॥

नहिं कोउ अस तिहुं कालहिं माहीं। प्रतिक्षण कर्म करत जो नाहीं ॥
प्रकृति जनित गुण अति दृढ़ जाये। परवश कर्म करत नर धाये ॥ 5 ॥

मूढबुद्धि जो मिथ्याचारी। रोधहिं इन्द्रिय विषय विकारी।
सेवहिं ते विषयन सब मनते। ज्ञानी कहहिं दम्भयुत तिनते ॥ 6 ॥

जे वश करहिं इन्द्रियहिं मनसों । नहिं आसक्ति तनिक कर्मन सौं ॥
करहिं कर्म इन्द्रिन सन जोई । अर्जुन सुनहु श्रेष्ठ नर सोई ॥ 7 ॥

शास्त्र विहित जे कहे सुकर्मा । पालहु तिनहिं जान निज धर्मा ॥
करहु कर्म जानहु यह ताता । मानहु श्रेष्ठ कर्म सन नाता ॥
जो न करहु तुम कर्म अयाना । नहिं तन कर निर्वाह सुजाना ॥ 8 ॥

यज्ञ निमित्त कर्म जे नाहीं । तिनहिं करत नर बँधत सदाही ॥
यज्ञ निमित्त करहु सब कर्मा । विन आसक्ति जान निज धर्मा । 9 ॥

दोहा: आदिकाल विधि विरचयेउ, सकल प्रजा सह यज्ञ ।
यज्ञ सकल कल्याण कर, सुनहु कहेउ सर्वज्ञ ॥ 10क ॥
इहि ते पावहु भोग सब, सुख साधन की खान ।
सकल सिद्धि अरु वृद्धिकर, जानहु यज्ञ सुजान ॥ 10ख ॥

चौपाईः यज्ञ यजन कर पुष्टिहु देवा । देव तुमहिं पोषहिं यहि सेवा ॥
इहि विधि विनु स्वारथ सहयोगा । पावहु तुम कल्याण सुयोगा ॥ 11 ॥

चौपाई : पुष्टित देव यज्ञ ते होंहीं । इच्छिल भोग अयाचित देहीं ॥
भोगहिं जो नर विन प्रतिदाना । तिनकर जगत चोर कर जाना ॥ 12 ॥

अन्न जु शेष यज्ञ कर खावहिं । श्रेष्ठ पुरुष तिनके अघ नाशहिं ॥
निज पोषण हित अन्न पकाहीं । ते नर जनु नित पापहिं खाहीं ॥ 13 ॥

जगत जीवगण जे उपजाये । सकल अन्न सन जीवन पाये ॥
उपजहि अन्न वृष्टि के द्वारा । होवहि वृष्टि यज्ञ आधारा ॥ 14 ॥

विहित कर्मजे वेद जनाये। तिनते यज्ञ होत यह गाये ॥
अविनाशी ईश्वर के जाये। वेद सकल जग में प्रकटाये ॥
अतः यज्ञ में जानहु स्थित। अक्षर परमात्मा प्रतिष्ठित ॥ 15 ॥

प्रचलित सृष्टि चक्र जग माहीं। इहि विधि जे नहिं जियहिं सदाही ॥
भोगहिं भोग इन्द्रियन द्वारा। व्यर्थहि जियहिं पाप आगारा ॥ 16 ॥

जो जन निज आत्मा महिं विचरहिं। सदा तृप्त निज आत्महिं बरतहिं ॥
जे सन्तुष्ट आत्मा माहीं। कछु कर्तव्य न तिन कर आहीं। ।17 ॥

करहि कर्म अस कर्ता जोई। नहिं कछु तासु प्रयोजन होई ॥
करहि न कर्म तो नहिं कुछ हानी। हेत अहेत न जग के प्रानी ॥ 18 ॥

दोहा: करहु निरन्तर कर्म तुम, निरासक्ति धर ध्यान।
कर्म करहिं आसक्ति तज, पावहिं ईश सुजान ॥ 19 ॥

चौपाईः जनकादिक ज्ञानीजन जेते। भये सिद्ध यह साधन तेते ॥
महापुरुष जो देयं प्रमाना। करहिं सकल जग सो अनुमाना ॥ 20 ॥

श्रेठ पुरुष जेहि विधि आचरहीं। तेहि विधि जन तस तस अनुसरहीं ॥
महापुरुष जो देयँ प्रमाना। करहिं सकल जग सो अनुमाना ॥ 21 ॥

पार्थ वचन मम सुनहु सुजाना। मो कहँ कुछ कर्तव्य न आना।
पावन योग्य पदारथ जोई। मो कहँ सहज सुलभ सब सोई ॥
बरतहुँ तदपि कर्म अनुसारी। कर्म उचित यह नीति विचारी ॥ 22 ॥

चौपाई : जो न करहुँ मैं कर्म सुजाना । सावधान निज मत अनुमाना ।
होहि हानि जग अतिशय भारी । चलहिं मनुज मम मग अनुसारी ॥ 23 ॥

जो न कर्म में करहुँ सुचारी । नष्ट-भ्रष्ट होवहिं नर नारी ॥
होवहुँ मैं संकर कर कारक । बन कर सकल प्रजा संहारक ॥ 24 ॥

दोहाः करहिं मूढ जग कर्म जिमि, निज हित मन महँ धार ।
ज्ञानी करहिं सुलोक हित, सब आसक्ति विसार ॥ 25 ॥

चौपाई : जे ज्ञानी ईश्वर आधारी । तिनहिं उचित यह करहिं विचारी ॥
सह आसक्ति कर्म जे करहीं । प्रेरित विहित कर्म अनुसरहीं ॥
तज आसक्ति करहिं निज कर्मा । होहि न अज्ञानिहिं कछु भर्मा ॥ 26 ॥

होहिं प्रकृति गुण वश सब कर्मा । अहङ्कार वश मोहित भर्मा ॥
'मैं कर्ता' जानहिं जे प्राणी । ते कर्ता जानहु अज्ञानी ॥ 27 ॥

जानहिं जे गुण कर्म विभागा । तत्त्व रूप जिनके मन जागा ॥
गुण वर्तहिं गुण महिं यह जानी । नहिं आसक्त होत इन ज्ञानी ॥ 28 ॥

प्रकृति गुणन मोहित जे प्राणी । गुण कर्मन आसक्ति समानी ॥
मूढ बुद्धि अस जे अज्ञानी । करहिं न विचलित तिन कहँ ज्ञानी ॥ 29 ॥

आशा ममतादिक सब त्यागहु । ईश्वर जान मोहि अनुरागहु ॥
मैं अन्तर्यामी परमेश्वर । करहु कर्म सब मो महँ चित धर ॥ 30 ॥

दोहा: दोष दृष्टि धर जो मनुज, होकर श्रद्धा युक्त ।
मानहि जो आदर सहित, होवहि पाप विमुक्त ॥ 31क ॥

जो नहिं मानहिं मोर मत, धरहिं दोष अज्ञान ।
सब ज्ञानन में मूढ ते, जानहु नष्ट समान ॥ 32ख ॥

चोपाई: प्राणी कर्म प्रकृति वश करहीं ।। निज स्वभाव वश गुण अनुसरहीं ॥
निज मत करहिं चेष्टा ज्ञानी । कहहु कहा हठ इहि महँ आनी ॥ 33 ॥

राग द्वेष इन्द्रिन महँ बसहीं । सहज रूप ज्ञानिन कर ठगहीं ।
इनके वश न चतुर नर होहीं । नहीं ज्ञान निज इन महँ खोहीं ।
जानहिं इनहिं शत्रुवत् ज्ञानी । निज कल्याण विघ्न सम जानी ॥ 34 ॥
बहु विधि पलित परायो धर्मा । नहिं हितकर जानहु यह मर्मा ॥
जो निज धर्म न कछु गुण होई । तदपि श्रेष्ठ जानहु मन सोई ॥
भल स्वधर्म हित त्यागन प्राना । भय दायक पर धर्महिं जाना ॥ 35 ॥

अर्जुन मन तब शंका आई । कहहु कृष्ण मोहि यह समुझाई ॥
का अस बल जो प्रेरत अहही । नर जेहिं हेत पाप कर गहही ॥

चौपाई : नहिं कछु तस इच्छा मन माहीं । केहि प्रेरित दुष्कर्म कराहीं ॥ 36 ॥

श्रीभगवान वचनः

काम रजो गुण होहि प्रसूता । यहहि क्रोध जानिये कपूता ॥
यह अति भोजन भट्ट कहाई । कबहुँ न भोजन हेतु अघाई ॥
यही पाप कर कारण मूला । जानहु वैरी अति प्रतिकूला ॥ 37 ॥

जेहि विधि धुआँ अग्नि कर ढाका । दर्पण ढंकहि मैल सहँ ताका ॥
जेर गर्भ ढाकत तन माहीं । ज्ञानहि काम ढकत तेहि पाहीं ॥ 38 ॥

दोहाः एहि विधि सोई अग्नि सम, वैरी काम अतृप्त ।।
ज्ञानिन कर चित आवृतहि, करहि विवेकहिं लुप्त ।। 39 ।।

चौपाईः मन इन्द्रियाँ बुद्धि जन केरे । सो सब आहिं काम के डेरे ।।
इन कहँ सो निज बस कर कामा । ज्ञानहिं कर आच्छादित दामा ।।
एही सकल इन्द्रियन फेरी । मोहहि जीवहिं सब विधि घेरी ।। 40 ।।

अतः पार्थ! सो करहु उपाऊ । जो यह पापी काम नसाऊ ।
सकल इन्द्रियन निज वश करहू । करहु विपुल वल कामहिं हतहू ।। 41 ।।

मानव तन से सो यह जानां । इन्द्रिय श्रेष्ठ अरु सूक्ष्म बखाना ।।
अपर सुश्रेष्ठ आतमहिं जानहु । यह विधि क्रमशः इहिं पहिचानहु ।। 42 ।।

छंदः अस बुद्धिहिं नाना, आत्महिं जाना, श्रेष्ठ सूक्ष्म बलवाना ।
सो करहु सुजाना, बुद्धि विधाना, जीतहु मन धर ध्याना ।।
जो मन बस आना, काम नसाना, दुर्जय शत्रु समाना ।
मन वचन प्रमाना, जो तुम माना, होहि सकल कल्याना ।। 43 ।।

।। ॐ तत्सदिति श्रीमद्भगवद्गीता सूपनिषत्सु ब्रह्मविद्यायां योगशास्त्रे
श्रीकृष्णार्जुनसंवादे कर्मयोगो नाम तृतीयोध्यायः ।। 3 ।।

****

हरिः ॐ तत्सत् हरिः ॐ तत्सत् हरिः ॐ तत्सत्

****

॥ ॐ श्रीपरमात्मनेनमः ॥

गीतागुञ्जन

श्रीमद्भगवद्गीता का संस्कृत से काव्यानुवाद

अथ चतुर्थोध्यायः

श्रीभगवान वचनः

दोहाः पार्थ ! सुनहु यह ज्ञान मैं, प्रथम कहेउ रवि पाहिं।
रवि निज सुत मनु सन कहेउ, मनु इक्षवाकु जनाहि ॥ 1 ॥

चौपाईः परम्परागत योग पुराना। पार्थ राजऋषियन यह जाना ॥
किन्तु काल गति चक्र अधीना। लोपेउ पृथ्वीतल हुइ छीना ॥ 2 ॥

तू मम सखा परम प्रिय मोही। ताते तात सुनायेउ तोही ॥
योग पुरातन श्रेष्ठ विधाना। गोपनीय सब भाँति सुजाना ॥ 3 ॥

अर्जुन कहेउ सुनहु भगवाना। जनमेउ आप अबहिं यह जाना ॥
आदि कल्प सूरज अवतारा। केहि विधि जानहुँ आप प्रसारा ॥ 4 ॥

हे अर्जुन! सुन करहु विचारा। मैं अरु तू जनमेउ बहु बारा ॥
मैं जानहुँ तुम जानत नाहीं। जनमत मरत जीव जग माहीं ॥ 5 ॥

मैं अविनाशी और अजाता। सब जग जीवन केर विधाता ॥
प्रकटहुँ मैं वश कर निज माया। प्रकृति जनित गुण युत धर काया ॥ 6 ॥

चौपाईः जब जब घटाहि धर्म हे भारत। बढ़हिं अधर्म होंहिं जन आरत ॥
तब तब मानव तन धर धीरा। होंहु प्रकट स्थूल शरीरा ॥ 7 ॥

दोहाः साधु जनन उद्धार हित, दुष्ट जनन संहार।
युग युग में मैं तन धरहुँ, थापहुँ धर्म विचार ॥ 8 ॥

चौपाईः जन्म कर्म सब दिव्य हमारे। केवल धर्म हेतु तन धारे ॥
जो जानहिं यह तत्त्व सुजाना। पुनि न जन्म मो माँहि समाना ॥ 9 ॥

राग द्वेष अरु क्रोध नसाना। प्रेम सहित मो महँ स्थाना ॥
मो कहँ छाँड़ि अन्य नहिं जाना। मम आश्रित अस भक्त सुजाना ॥
ज्ञान रूप तप शुचि चित कीन्हा। तिन कहँ मैं स्वरूप निज दीन्हा ॥ 10 ॥

जो मोहि भजहिं पार्थ जेहि रीती। तेहि विधि भजहुँ तिन्हहिं सह प्रीती ॥
जेहि विधि कर्म सकल हम करहीं। मनुज सकल तेहि विध अनुसरहीं ॥
11 ॥

पूजाहिं मनुज सकल विधि देवा। करहिं कर्म फल हित सो सेवा ॥
सहजहिं मिलहिं कर्म फल आई। ताते जग पूजा अधिकाई ॥ 12 ॥

चार वर्ण निर्मयेउ विचारी। गुण अरु कर्म हेतु अनुहारी ॥
करहुँ कर्म सब विरचेउ सृष्टी। तदपि अकर्ता जानहु दृष्टी ॥ 13 ॥

कर्मन के फल जो जग माहीं। तिन महँ कछू स्पृहा नाहीं ॥
ताते कर्म न बाँधत मोही। सकल जीव जिनके वश होंहीं ॥
जो मो कहँ जानहि इहि भाँती। सो नहिं बंधत कर्म की पाँती ॥ 14 ॥

चौपाईः पूरव काल मुमुक्ष सुजाना। किये कर्म याही विधि नाना ॥
वही रीति तुमहू अनुसारहु। करहु कर्म निज चित हित धारहु ॥ 15 ॥

कर्म अकर्महिं केहि विधि जाना। मतिमानहुँ नहिं यह पहिचाना ॥
तोते मैं समझावहुँ तोही। जानत अशुभ मुक्त तू होही ॥ 16 ॥

दोहाः कर्म कहहिं केहिं कर गुनहु, केहिं कर कहहिं अकर्म।
जानहु कहा विकर्म है, गहन कर्म का मर्म ॥ 17 ॥

चौपाईः कर्म माहिं जो लखहिं अकर्मा। अरु अकर्म महं जनाहि कर्मा ॥
अस नर जग मतिमान बखाना। सकल कर्म करता विद्वाना ॥ 18 ॥

जाके कर्म कामना हीना। नहिं मन कछु संकल्पहु लीना ॥
ज्ञान अग्नि जो कर्महिं जारा। ज्ञानी पण्डित तिनहिं विचारा ॥ 19 ॥

दोहा: जग कर आश्रय त्यागहीं, कर्म फलहिं सुविरक्ति।
करत कर्म नहिं कछु करहिं, जिनहिं ईश महँ तृप्ति ॥ 20क ॥
जिन जीतेउ अन्तःकरण, इन्द्रिन सहित शरीर ॥
त्यागहिं भोगन वस्तु अरु, सब आशा धर धीर ॥ 21ख ॥

सोरठाः विरत वासना हीन, कर्म करत केवल तनहिं।
जानहु पार्थ प्रवीन, पाप न कछु व्यापत तिनहिं ॥ 21ग ॥

चौपाईः अनइच्छित पदार्थ जो पावा। तिन महँ जो सन्तुष्टि जनावा ॥
जिनके मन ईर्ष्या कछु नाहीं। हर्ष शोक नहिं द्वन्द मचाहीं ॥
सिद्धि - असिद्धिहु मन सम जाके। कर्म करत नहिं बंधन ताके ॥ 22 ॥

चौपाई : जग आसक्ति जासु सब्र नासी। नहिं अभिमान देह कर भासी ॥
ममता रहित भयेउ मन जासू। सदा चित्त प्रभु ज्ञान प्रकासू ॥
कर्म यज्ञ हित जिन कर धर्मा। होत विलीन तासु सब कर्मा ॥ 23 ॥

ब्रह्म सु जासों अर्पण करहीं। द्रव्य ब्रह्म जो यज्ञहिं पराहीं ॥
कर्ता ब्रह्म सु ब्रह्म हुतासन। आहुति देंय सो सकल ब्रह्म गन ॥
योगी ब्रह्म कर्म जो स्थित। पावहिं सो फल ब्रह्महिं समुचित ॥ 24 ॥

दूसर कछु योगी यह कहहीं। देवन पूज यज्ञ अनुसरहीं ॥
पारब्रह्म लख अग्नि स्वरूपा। अर्पहिं आत्मरूप निज रूपा ॥ 25 ॥

कुछ निज इन्द्रिय गुन संचारा। संयम रूप अग्नि महँ जारा ॥
कछुक अन्य योगी मन धारा। शब्दादिक सब विषय विकारा ॥
अग्निरूप इन्द्रिय जो आहीं। तिन महँ सो सब विष्य जराहीं ॥ 26 ॥

कछु दूसर योगी मन धारें। सकल इन्द्रियन क्रियन सम्भारें ॥
निज प्राणन सब क्रिया समेटी। करहिं प्रकाशित ज्ञानहिं भेंटी ॥
तप कर सब विधि इन कहँ धारें। अग्नि आत्म संयन महँ बारें ॥ 27 ॥

द्रव्य यज्ञ कछु याजक करहीं। अपर तपस्या यज्ञहिं सरहीं ॥
योग यज्ञ कछु करहिं सुजाना। तीव्र अहिंसादिक व्रत नाना ॥
स्वाध्याय हित यत्न कराही। इहि वैश्वानर ताहि जराहीं ॥ 28 ॥

छंद: कछु योगिजन निज प्राणवायुहिं होम देत अपान में।
कछु अन्य होम अपान वायुहिं प्राणवायु विधान में ॥
कछु योगि जन नियमित अहारी चतुर प्राणायाम में ॥

ते रोध प्राण अपान की गति होमते निज प्राण में ॥

छंदः ये सकल साधक यज्ञविद् निज अघ विनाश निदान में।
बहु विधि विधान सुजान पालहिं सर्वदा विज्ञान में ॥ 29-30 ॥

चौपाईः यज्ञ शेष भोजन जे खाहीं। ब्रह्मरूप निश्चय हुइ जाहीं ॥
जो यहि विधि यज्ञहिं नहिं करहीं। तिनहिं न धरनि स्वर्ग सुख लहहीं ॥
31 ॥

विविध यज्ञ वेदहु वहु कहहीं। मन इन्द्रिय तनते ते सरहीं ॥
यह जानत सो करहु सुजाना। होवहु मुक्त यहहि मन माना ॥ 32 ॥

सुनहु परंतप धर चित लाई। द्रव्यादिक जे यज्ञ कराही ॥
सबसे श्रेष्ठ ज्ञानयुत यज्ञा। सकल कर्म लय तिहिं सर्वज्ञा ॥ 33 ॥

तत्व ज्ञान जानन कर हेतू। गहहु चरन ज्ञानिन चित चेतू ॥
सेवहु छाँडि सकल छल छंदा। करहु प्रश्न शुचि सरल न द्वन्दा ॥
ते परमात्व तत्व गुन ज्ञानी। देहहिं तत्व ज्ञान शुभ जानी ॥ 34 ॥

जानहु परम तत्व हे पारथ। व्यापहि तुमहिं न मोह अकारथ ॥
पेखहु तुम निज महँ सब भूता। पुनि ते मो महँ होंहिं प्रसूता ॥ 35 ॥

यद्यपि तू पापिहु ते पापी। तदपि ज्ञान नौका परतापी ॥
होइहहु पाप सिन्धुते पारा। जो तुम ज्ञान हृदय महँ धारा ॥ 36 ॥

जेहि विध प्रज्वलित अग्नि मँझारी। ईंधन सकल होत जर छारी ॥
तैसेइ ज्ञान रूप वैश्वानर। जारत विविध कर्म अति सत्वर ॥ 37 ॥

दोहा: नहिं पवित्र कछु ज्ञान सम, या महिं संशय नाहिं।
अन्तःकरणहु होत शुचि, करत कर्म जग माँहिं ॥ 38क ॥

दोहा: बीतहि इहि विधि काल जब, तब यह होत प्रकाश।
प्रकटत ज्ञान स्वयं ही, निज आत्मा आकाश ॥ 38ख ॥

चौपाईः श्रद्धायुक्त जितेन्द्रिय प्राणी। बहु विधि साधन युत गुन खानी।
साधक अस सो ज्ञानहिं ध्यावा। प्रभु मय परम शांति द्रुत पावा ॥ 39 ॥

नहिं विवेक नहिं श्रद्धा धारी। संशययुत ऐसे नर नारी।
तिनकहँ नहि यह लोक सुहावा। नहिं परलोक न सुख हू पावा ॥ 40 ॥

अर्जुन सुनहु तात मम वाणी। कर्म योग साधहिं जो प्राणी ॥
सकल कर्म प्रभु कहँ जो अर्पा। संशय सकल त्याग सब दर्पा ॥
आत्मवन्त अस पुरुष अनूपा। बंधइ न कबहुँ कर्म के यूपा ॥ 41 ॥

दोहा: अर्जुन! संशय छोड़ जो, जो हृदय बसेउ अज्ञान।
काटहु सकल विवेक कर, तीक्ष्ण कराल कृपाण ॥ 42क ॥
स्थित होवहु कर्म महँ, गह समत्व कर सार।
उठ कर जूझहु समर महँ, शंका सकल विसार ॥ 42ख ॥

॥ ॐ तत्सदिति श्रीमद्भगवद्गीता सूपनिषत्सु ब्रह्मविद्यायां योगशास्त्रे
श्रीकृष्णर्जुनसंवादे ज्ञानकर्मसंन्यासयोगो नाम चतुर्थोऽध्यायः ॥ 4 ॥

****

हरिः ॐ तत्सत् हरिः ॐ तत्सत् हरिः ॐ तत्सत्

****

॥ ॐ श्रीपरमात्मनेनमः ॥

गीतागुञ्जन

श्रीमद्भगवद्गीता का संस्कृत से काव्यानुवाद

पंचमोऽअध्यायः

अर्जुन कथनः

दोहा : बोले पारथ कृष्ण से, शंका हरहु कृपाल ।
कर न सकहुँ निर्णय कछुक, मन संदेह विशाल ॥

चौपाईः प्रथम कर्म सन्यास सुनावा । कर्म योग अब आप जनावा ॥
जो कछु होय श्रेष्ठ मम हेतू । कहहु सुनिश्चत सो चित चेतू ॥ 1 ॥

श्रीभगवान वचनः

कहेउ कृष्ण सुन पारथ बाता । नहिं कछु भेद उभय महं ताता ॥
कर्मन से सन्यास विचारो । अथवा कर्म योग मन धारो ॥
दोउ कल्यान करन हित साधन । कर्म योग पुनि सहज अराधन ॥ 2 ॥

अर्जुन! जे नहिं द्वेष कराहीं । नहिं कछु आकाङ्क्षा मन माहीं ॥
राग द्वेष नहीं चित्त अवासी । कर्मयोगि सोई सन्यासी ॥
ते तज सुख पूर्वक संसारा । बंधन मुक्त होंहि भव पारा ॥ 3 ॥

कर्म अरु साङ्ख्य योग दुइ एकी । भिन्न कहहिं ते जन अविवेकी ॥
जो स्थित सम्यक इक माहीं । फल स्वरूप परमात्महिं पाई ॥ 4 ॥

दोहाः परम धाम ज्ञानिन जो पावा। तहहिं कर्म योगी जन धावा।
जो देखहिं अस सत्य विचारी। ते यथार्थ देखत भ्रम टारी॥ 5॥

अर्जुन सुनहु कठिन सन्यासा। कर्म योग विन नाहिं सुपासा॥
कर्मयोगि जन भगवत् भजहीं। परम ब्रह्म तुरतहिं अनुसरहीं॥ 6॥

निज मन जे निज वश कर लीना। जिनके निज इन्द्रिय आधीना॥
अन्तःकरण शुद्ध जिन धारा। सकल प्राणियन ब्रह्म विचारा॥
प्राणिन विच आत्मा बस जोई। जानहिं परम आत्मा सोई॥
अस योगी कर्मन फल खोई। कबहुँ न लिप्त कर्म महं होई॥ 7॥

छंदः साङ्ख्य योगी तत्व जानहिं अस हृदय महँ लावहीं।
देखत सुनत स्पर्श करते सूँघतहु नहिं बागहीं॥
भोजन करत अरु जात आवत सोत स्वाँसन लेवहीं।
बोलत जो त्यागत ग्रहण करतन चक्षुअन सन देखहीं॥
खोलत नयन अरु मूंदतन सब इन्द्रियन अवरेखहीं।
इन्द्रियाँ निज गुणन वर्तहिं हम नहीं कछु लेखहीं॥
जिनके रहे व्यौपार वरतहिं हम कतहुँ करता नहीं।
जे काम जिनिके ते करहिं नहिं चित्त कछु धरता कहीं॥ 8-9॥

दोहा: सकल कर्म हरि अर्प कर, मन आसक्ति न मान।
तिनहिं पाप नहिं व्यापहीं, पद्म पत्र जल जान॥ 10॥

चौपाईः करहिं कर्म योगी जो कर्मा। ते बुधि मन इन्द्रिय तन धर्मा॥
करहिं कर्म आसक्ती त्यागी। अन्तःकरण शुद्धि हित लागी॥ 11॥

होहिं कर्म योगी फल त्यागी । भगवत् प्राप्ति शान्ति कर भागी ॥

जे सकाम नर करहिं कामना । जिन महँ फल कर रहहि भावना ॥
जे आसक्ति धरहिं मन कामा । तिन कहँ नित बन्धन परिणामा ॥ 12 ॥

अन्तःकरण साङ्ख्य जिन जीता । मनसे त्याग कर्म फल प्रीता ॥
करहिं न कछु न करावहिं कर्मा । नव द्वारे तन बसहिं स्वधर्मा ॥
जो सच्चिदानन्दघन पावन । तेहि महँ बसहिं सुशान्ति सुहावन ॥ 13 ॥

कर्म कर्मफल कर संयोगा । कर्तापन कर जो अभियोगा ।
रचइ न विधि कर रचना सोई । बरतइ नर स्वभाव जो होई ॥ 14 ॥

दोहा: ईश्वर गहहि न पुन्य कहँ, पाप और जो कर्म ।
ज्ञान ढँका अज्ञान से, मोह मनुज मन भर्म ॥ 15 ॥

चौपाईः प्रभु कर तत्व ज्ञान के द्वारा । नश अज्ञान ज्ञान उजियारा ॥
होय ज्ञान जो परम प्रकाशित । रवि समान प्रभु हों आभाषित ॥ 16 ॥

प्रभु सच्चिदानन्दघन माहीं । स्थित एकीभाव सुहाई ।
जिन कर मन हरि महँ तदरूपा । बुद्धि होय परमात्म स्वरूपा ॥
पाप रहित तेहि ज्ञान प्रभावा । अचल धाम प्रभु कर सो पावा ॥ 17 ॥

विप्र विनयधारी अरु स्वाना । गौ हाथी चाण्डाल समाना ॥
भेद न कुछ समदर्शी ल्याहीं । जग महँ ते ज्ञानी कहलाहीं ॥ 18 ॥

जिन कर मन समभाव अवस्थित। तिन जीता जग जियत परस्थित॥
परमब्रह्म निर्दोष कहाहीं। समदर्शी स्थित तेही माहीं॥ 19॥

दोहा: प्रियहिं पाय हर्षित नहीं, अप्रिय पाय उद्विग्न।
स्थिर मति संशय रहित, ब्रह्महिं सदा अभिन्न॥ 20॥

चौपाई: जगत विषय जिनके मन माहीं। ते निज आत्मा महिं सुख पाहीं॥
ध्यान योग ते ब्रह्म समाई। अक्षय सो सुख नहिं विलगाई॥ 21॥

इन्द्रिय विषय जगत सुख आहीं। भाषहिं सुखद प्रथम मन माहीं॥
किन्तु अनित्य अन्त दुख दाता। बुधिजन रमहिं न इन महँ ज्ञाता॥ 22॥

जीतहिं काम क्रोध कर वेगा। जब लगि होये शरीर वियोगा।
अस साधक गण सहज सुपासी। इहि जग सोइ योगी सुखराशी॥ 23॥

सुदृढ आत्मामहिं सुख पावा। रमत आत्मा माहिं सुहावा॥
जिनहिं ज्ञान आत्मा महिं भावहि। शान्त ब्रह्म सो योगी पावहि॥ 24॥

सकल पाप जिन केर विनाशे। संशय मिटे सुज्ञान प्रकाशे॥
सकल भूत कर हित जे धारा। मन जित शान्त ब्रह्म आगारा॥ 25॥

काम क्रोध तज जिन तन जीते। पारब्रह्म जे जन परतीते॥
सो ज्ञानी जानहिं इहि जीके। शान्त ब्रह्म चहुँ दिशि अवनीके॥ 26॥

जो कछु विषय वासना जीकी। बाहर तिनहिं निकासहिं नीकी॥
भृकुटि मध्य धर दृष्टि जमाई। प्राण अपान वायु सम लाई॥

मन इन्द्रियन बुद्धि जिन जीता। मोक्ष परायण अस मुनि रीता॥
जिनके नहिं इच्छा भय क्रोधा। सदा मुक्त ही अस मुनि बोधा॥ 27-28 ॥

दोहा : जानहु मोहि सब तपन कर, भोगनहारा पार्थ।
ईश्वर सब ईश्वरन कर, सब कर हितू यथार्थ॥ 29क ॥
स्वार्थ रहित प्रेमी सुहृद, सब पर रहित दयाल।
जे जानहिं इहि तत्व कर पाय शान्ति तत्काल॥ 29ख ॥

॥ ॐ तत्सदिति श्रीमद्भगवद्गीता सूपनिषत्सु ब्रह्मविद्यायां योगशास्त्रे श्रीकृष्णर्जुनसंवादे कर्मसन्यासयोगो नाम पञ्चमोऽध्यायः ॥ 5 ॥

****

हरिः ॐ तत्सत् हरिः ॐ तत्सत् हरिः ॐ तत्सत्

****

|| ॐ श्रीपरमात्मनेनमः ||

गीतागुञ्जन

श्रीमद्भगवद्गीता का संस्कृत से काव्यानुवाद

षष्ठोऽध्यायः

श्री भगवान वचनः

दोहाः कर्म करहिं नर फलहिं तज, करने योग्य विचार।
सोई सन्यासी कहहु, योगी ताहि पुकार ॥ 1क ॥
केवल अग्नी के तजे, नहिं सन्यासी कोय।
पार्थ क्रियाओं को तजे, सो नहिं त्यागी होय ॥ 1ख ॥

चौपाई : जो इहिं भांति कहहिं सन्यासा। सो नहीं जान योग परिभाषा ॥
जो न सकहिं संकल्पन त्यागी। योगी सो न होंय यह लागी ॥ 2 ॥

योगारूढ होन जो चहहीं। मननशील नर के हित कहहीं ॥
सोई पुरुष योगि पद गहहीं। तज कामना कर्म जो करहीं।
योगारूढ़ न मन संकल्पा। हेतु सोइ कल्याण विकल्पा ॥ 3 ॥

इन्द्रिय भोग विरत जेहि काला। सकल कर्म फल त्याग विशाला ॥
सब संकल्प मनुज जब त्यागा। योगारूढ कहत तेहि लागा ॥ 4 ॥

नर कहँ उचित करइ सोइ साधन। जेहि विधि होय आत्म उद्धारन ॥

हो न अधोगति हृदय त्रिचारी। आपहि रिपु आपहि उपकारी ॥ 5 ॥

जे मनुष्य तन इन्द्रियं जीते। ते जानहु निज मित्र सुचीते॥
जिनके वश तन इन्द्रियां नाहीं। रिपुवत् वरतहिं शत्रु कहाहीं॥ 6॥

जो स्वाधीन आत्मा धारी। अन्तःकरण सुशान्त सुचारी॥
तिनहिं न दुख-सुख आदि विकारी। कछु न मान अपमान विचारी॥
जिनके चित अस ज्ञान समाना। परमात्महिं तज अन्य न जाना॥ 7॥

चित्त ज्ञान विज्ञान सुहावा। जिनके अन्तःकरणहिं भावा॥
सकल इन्द्रियन जो जग जीता। रहित विकार सुस्थिर चीता॥
माटी पाथर स्वर्ण समाना। भगवत् प्राप्त पुरुष अस जाना॥ 8॥

चौपाईः जिन कहँ सुहृद मित्र बैरी सम। उदासीन मध्यस्थ अन्यतम॥
द्वेषहिं बैरी सम नहिं खेदा। धर्मिहुँ पपीहुँ मान न भेदा॥

दोहाः योगी जन इहि विधि गहहिं, धारहिं जो सह ज्ञान।
जानहु एसे मानुषहिं, भगवत्प्राप्त महान॥ 9॥

चौपाई : मन इन्द्रिय तन वश कर लीना। आशा तज सब संग्रह हीना॥
एकाकी एकान्तहिं स्थित। आत्महि परमात्महिं ल्यावहिं चित॥ 10 ॥

शुद्ध भूमि महँ आसन डारे। कुश मृग छाला वस्त्र सम्भारे।
नहिं अति उच्च न निम्न विछावे। स्थिर अस आसन मन भावे॥ 11॥

अस आसन पर हुइ आसीना। कर मन इन्द्रिय क्रिया अधीना॥
अन्तःकरण शुद्धि कर हेतू। हुइ एकाग्र योग चित चेतू॥ 12॥

काया शिर अरु ग्रीवा साधै। स्थिर और अचल अवराधै ॥
अग्रभाग नासा कर जोई। तापर दृष्टि न चहुँ दिशि गोई ॥ 13 ॥

ब्रह्मचर्य व्रत रत भयहीना। अन्तःकरण शान्त जो कीन्हा ॥
सावधान मति स्थिर मो महँ। ध्यान परायण ध्यावहि मो कहँ ॥ 14 ॥

मन निज वश कर साधक जोई। मम सरूप निज आत्महिं गोई ॥
परमानन्द आसीम अपारा। पावहि अचल शान्ति मम द्वारा ॥ 15 ॥

अर्जुन सुनहु तात यह योगा। सरइ न जो भोगहि बहु भोगा ॥
बहुतउ खाय न लंघन करई। नहिं अति शयन न निद्रा तजई ॥ 16 ॥

दुःख विनाशक जो यह योगा। सरइ जो करइ सुसम्यक भोगा ॥
करइ उचित आहार विहारा। जागत सोवत समय विचारा ॥
हुइ सचेष्ट कर्मन जो करई। ताकर योग यथा विधि फरई ॥ 17 ॥

चित्त स्ववश अतिशय कर जोई। परमात्मा महिं अविचल होई ॥
भोग निवृत्त होय मन जाको। योग युक्त जानहिं सब ताको ॥ 18 ॥

दोहा : वायु रहित स्थान में, दीपक रहत अडोल।
ध्यानावस्थित चित्त की, योगी उपमा तोल ॥ 19 ॥

चौपाईः योगाभ्यास चित्त उपरामा। शुद्ध सुबुद्धि सूक्ष्म परिणामा।
योगी इहि विधि ब्रह्महिं पेखी। अति सन्तुष्ट होत अवरेखी ॥ 20 ॥

परे इन्द्रियन सो जो होई। केवल सूक्ष्म बुद्धि लख सोई ॥
सो आनन्द अनन्त सुहावा। जेहि स्थित योगी जन पावा ॥
चौपाई : तब परमात्म स्वरूपहिं छावा। होत न विचलित योगी गावा ॥ 21 ॥

जो अस लाभ पाय मन मांहीं। अन्य श्रेष्ठ कछु मानत नाहीं ॥
अस परमात्म प्राप्ति जो पावा। ताहि न कबहुँ अन्य कछु भावा ॥
अस स्थिति जो योगी होई। अति दुख पाय न विचलित होई ॥ 22 ॥

जानहि दुःखयुत जग संयोगा। नहिं मानहि कछु शोक वियोगा ॥
तासु नाम जग योग कहावा। जानन योग्य यहहि समुझावा ॥
दृढ निश्चय कर विनु उकताये। करहु जान कर्तव्य सुहाये ॥ 23 ॥

त्यागहि सकल कामना सोई। मन संकल्प प्रगट जे होई ॥
रोधइ सब इन्द्रियन समूहा। कर मन दृढ जिमि बाँधहि व्यूहा ॥ 24 ॥

कम-क्रम से अभ्यास लगावे। जेहि विधि मन उपरति कहँ पाये ॥
परमात्मा महँ स्थित होई। चिन्तन करइ अन्य नहिं कोई ॥ 25 ॥

मन चञ्चल अति अस्थिर जाना। विचरहि विविध विषय रुचि नाना ॥
ताहि निरुद्ध करहि हठ ज्ञानी। रोपहि परमात्मा महिं आनी ॥ 26 ॥

जाकर मन अस शान्त सुहावा। शान्त रजोगुण पाप नशावा ॥
ब्रह्मभूत योगी अस जोई। अति उत्तम आनन्द समोई ॥ 27 ॥

योगी पाप रहित हुइ जावे। आत्मा परमात्मनहिं लगावे ॥
से अनन्त आनन्दहिं पाई। सुख पूर्वक परमात्महिं धाई ॥ 28 ॥

योगयुक्त आत्मा जो योगी । सर्वव्याप्त चेतन उपभोगी ॥
जो अनन्त चेतन जग माहीं । देखत तेहिं सम भाव सदाही ॥ 29 ॥

दोहा: जो देखहिं सब भूत महँ, आत्मरूप वसुदेव ।
सब भूतन महँ पेखहीं, मम वसुदैव सदैव ॥ 30क ॥
नहिं अदृष्य तिन कर कबहुँ, होहुँ न जानहु पार्थ ॥
मम दृष्टी में ते रहहिं, तजहुँ न कवहुँ यथार्थ ॥ 30ख ॥

चौपाई : एकीभाव सुस्थित होहो । सब भूतन महँ जानइ मोही ॥
इहि विधि मोहि भजे जो कोई । जग महँ मो कहँ वरतत सोई ॥
जानहु सो बरतइ मो माहीं । अर्जुन या मह संशय नाहीं ॥ 31 ॥
जो योगी निज आतम जैसे । देखहि सब भूतन महिं तैसे ।
दुःख-सुख जाकर एक समाना । योगी परम श्रेष्ठ सो जाना ॥ 32 ॥

अर्जुन कथनः

चौपाईः अर्जुन कहेउ सुनहु मधुसूदन । समता योग कहेउ जो नूतन ॥
मानव मन अति चञ्चल सोई । केहि विधि सुनहु नु स्थिर होई ॥ 33 ॥

मन अति चञ्चल प्रमथन कारी । दृढ स्वभाव सब भाँति मुरारी ॥
कठिन वायु रोधन सम होई । अति दुस्तर नहिं निज बस सोई ॥ 34 ॥

श्रीभगवान वचनः

कुन्तीपुत्र पार्थ बलवाना । सुनहु दीर्घवाहू धर ध्याना ॥
यद्यपि मन अति चञ्चल जाना । होय न वश अति कठिन बखाना ॥
तदपि विराग-रु-दृढ़ विश्वासा । वश महँ होय करत अभ्यासा ॥ 35 ॥

जाकर मन नहिं निज वश होई । ताकर योग प्राप्त नहिं सोई ॥
मन वश कर जेहिं साधन भावै । मम मत सुलभ योग सो पावे ॥ 36 ॥

अर्जुन कथन :

अर्जुन कहेउ सुनहु वनवारी । योग हेतु जो श्रद्धा धारी ॥
जो यदि श्रद्धा विचलित होई । योग न सिद्ध न प्रभु कर जोई ॥
ताकर का गति होत मुरारी । मेंटहु मम मन संशय भारी ॥ 37 ॥

दीर्घवाहु अतिशंका मोही । भगवत प्राप्ति मार्ग गत जोही ॥
मोहित विनु आश्रय सो साधक । कहा पाव गति अस आराधक ॥
दोउ पथ भ्रष्ट होत गति कैसी । नष्ट छिन्न बादल के जैसी ॥ 38 ॥

दोहाः केशव कोऊ अन्य नहिं, जो कर सकै निदान ।
आपहि सब विधि योग्य हो, जो धारहि यह ज्ञान ॥ 39 ॥

श्रीभगवान वचन:

चौपाई : मम प्रिय पार्थ सुनहु मम वानी । आत्मोद्धार हेतु जो प्रानी ॥
करत प्रयास न पावहि नासा । इहि लोकहु परलोक सुपासा ॥ 40 ॥

यहि विधि धर्म भ्रष्ट जो होई । बसहि स्वर्ग लोकन जा सोई ॥
बहुत काल तक सो सुख पाई । जनमइ श्रीमन्तन घर जाई ॥ 41 ॥

अथवा नहिं उन लोकन पाई । जनमइ ज्ञानिन के घर जाई ॥
इहि प्रकार पावइ जो देहा । अति दुस्तर जग नहिं संदेहा ॥ 42 ॥

तहाँ जाय धर नव तन पावै । अधिक धीर धर योगहिं ध्यावै ॥
करहि प्रयत्न अधिक अधिकाई । सहजइ पावहि पूर्व कमाई ॥ 43 ॥

यहि विधि श्रीमानन घर जनमहि। पूर्वजन्म अभ्यास सुकर्महि ॥
जद्यपि पराधीन सो होई। आकर्षित प्रभु पद हित सोई ॥
जो सम बुद्धि योग जिज्ञासू। लाँघ सकाम कर्म फल नासू ॥ 44 ॥

चौपाईः यत्न सहित अभ्यासी योगी। पूर्व जन्म संस्कार प्रयोगी ॥
होवहिं सिद्धि जनम इहिं माहीं। गति निर्वाण पाप कटि जाहीं ॥ 45 ॥

कर्म सकाम पुरुष जो करहीं। योगी श्रेष्ठ तिनहुँ से कहहीं ॥
योगी श्रेष्ठ तपस्वी जन ते। ज्ञानिहुते योगी बड गनते ॥ 46 ॥

दोहा: श्रद्धायुत योगी सकल, भजहिं निरंतर मोहिं।
अन्तर आत्मा में धरहिं, परम श्रेष्ठ मम सोहिं ॥ 47 ॥

॥ ॐ तत्सदिति श्रीमद्भगवद्गीता सूपनिषत्सु ब्रह्मविद्यायां योगशास्त्रे
श्रीकृष्णर्जुनसंवादे आत्मसंयमयोगो नाम षष्टोऽध्यायः ॥ 6 ॥

****

हरिः ॐ तत्सत्　　हरिः ॐ तत्सत्　　हरिः ॐ तत्सत्

****

॥ ॐ श्रीपरमात्मनेनमः ॥

गीतागुञ्जन

श्रीमद्भगवद्गीता का संस्कृत से काव्यानुवाद

सप्तमोऽध्यायः

श्रीभगवान वचनः

दोहा: सुनहु तात यह प्रेमयुत, धर आसक्ति अनन्य।
मोर परायन होउ अरु, करहु योग तुम धन्य॥ 1क॥
जेहि विध तुम मोहि जानहो, सब विभूति सम्पन्न।
बल ऐश्वर्य गुणादि सह, संशय विनु अविछन्न॥ 1ख॥

चौपाईः कहिहउँ सकल तत्व तोहि हेतू। सह विज्ञान होय चित चेतू॥
जानत जाहि मिटहि अज्ञाना। रहहि न जानन हित कछु आना॥ 2॥

मनुज सहस्त्रन महँ कोउ एका। योगी यत्न करहि सविवेका॥
योगी मोर परायण होही। तत्त्व सहित सो जानहि मोही॥ 3॥

दोहाः पृथ्वी पय पावक गगन, नभ मन बुद्धि महान।
अहङ्कार सह आठ ये, अपरा प्रकृति सुजान॥ 4॥[1]

जाते धारहुँ सकल जग, जीव रूप सो मोर।
जानहु ताहि परा प्रकृति, चेतन शक्ति बहोर॥ 5॥

---

[1] क्रमांलंकार ज्ञातक है।

चौपाईः सकल भूत उपजहिं इहिं माहीं। दूसर हेतु अन्य कछु नाहीं॥
मैं ही सकल जगत कर कर्ता। अरु जानहु मो कहँ संहर्ता॥ 6॥

इहिते भिन्न न कारन मानहु। मैं ही सब कारन यह जानहु॥
सकल विश्व ग्रंथित मो माँहीं। मणि विच सूत्र ग्रथित जिमि आहीं॥ 7॥

जल महिं रस मैं अर्जुन जानहु। रवि शशि महँ प्रकाश पहिचानहु॥
जानहु प्रणव वेद महुँ मोही। पुरुषन महँ पुरुषारथ जोही॥ 8॥

गन्ध पवित्र भूमि महँ जोई। तेज अग्नि में जो मैं सोई॥
जीवन सकल भूत कर मानहु। तपस्वियन कर तप पहिचानहु॥ 9॥

सब भूतन कर बीज सनातन। जानहु मोहि अर्जुन! सब भाँतन॥
बुद्धिमानकर जो बुधि ज्ञाना। तपसिन महँ मम तेज समाना॥ 10॥

बलवानन कर मैं बलधामा। राग कामना सब उपरामा॥
मैं ही काम धर्म अनुकूला। जेहि विधि वर्णहिं शास्त्र समूला॥ 11॥

चौपाई : औरहु अन्य भाव जो आहीं। सतगुण गण ते जे उपजाहीं॥
अन्य रजोगुण तम गुण जाये। जानहु सो सब मम उपजाये॥
जान लेहु तिनमें मैं नाहीं। भाव न सो मो माहिं समाहीं॥ 12॥

दोहाः सात्विक राजस तामसिक, कार्यरूप गुण तीन।
प्राणिमात्र इन महँ भ्रमत, सकल विश्व इन लीन॥ 13क॥
त्रिविध गुणन महँ भ्रमत अस, होत बुद्धि अति क्षीन।
अविनाशी गुणके परे, सकहिं न मो कहँ चीन॥ 13ख॥

चौपाई : त्रिगुणमयी यह अद्भुत माया। दुस्तर और अलौकिक गाया ॥
तरहिं तात ते जो मोहि ध्यावहिं। जीतहिं माया जनित प्रभावहिं ॥ 14 ॥

अज्ञानी मायावश जेते। असुर स्वभाव धरहिं तन तेते ॥
दूषित कर्म करहिं सो मूढा। भजहिं न मोहि ध्यान धर गूढा ॥ 15 ॥

अर्थार्थी अति आरत जोई। जिज्ञासू वा ज्ञानी होई ॥
चार प्रकार भक्त अस मोरे। मो कहँ भजहिं मोह सब तोरें ॥ 16 ॥

एकी भाव भजें सो नित्या। प्रेम भक्ति सह ज्ञानी भक्त्या ॥
अतिशय प्रेम करहिं सो मोही। सो अति प्रिय मम ज्ञानी होई ॥ 17 ॥

भक्त सकल जे जदपि उदारा। ज्ञानी मोर रूप अति प्यारा ॥
मम गति सो मन बुद्धि आधारा। मो महँ बसहिं मुक्ति के द्वारा ॥ 18 ॥

दोहा: बहुत जनम के अन्त में, पाय तत्व कर ज्ञान।
जानहिं जो कछु जगत महँ, सब वसुदेव न आन ॥ 19क ॥
दुर्लभ मानी महात्मा, जपहिं सदा अस जान।
अति प्रिय सो मो कहँ सदा, जानिय ताहि महान ॥ 9ख ॥

चौपाई : भोग कामना वश जे प्रानी। ज्ञान शून्य ते होंहि अयानी ॥
निज स्वभाव प्रेरित अज्ञानी। पूजहिं विविध देव सुख मानी ॥ 20 ॥

जे जे भक्त भजहिं जिहिं देवा। जेहि स्वरूप जेहिं विधि सो सेवा ॥
श्रद्धा सुदृढ करहुँ तिन माहीं। जिन देवन ते भक्ति कराहीं ॥ 21 ॥

चौपाईः श्रद्धासह अर्चहिं सो देवा। पावहिं सकल भोग तेहि सेवा॥
सो सब मम विधान अनुसारी। मैं ही देन हार सुविचारी ॥ 22 ॥

अल्प बुद्धि नर जे फल पावहिं। काल पाय सो सकल नसावहिं॥
पूजहिं जे जे देव अयानी। तिन देवन कहँ पावहिं प्रानी॥

मो कहँ भजहिं जो जेहि विधि जोई। मो कहँ पायँ सुनिश्चित सोई॥ 23 ॥

बुद्धि हीन नर जे अविवेकी। जानहिं परम भाव नहिं नेकी॥
जग मो सम उत्तम कोउ नाहीं। मैं ही अविनाशी जग माहीं॥
मन इन्द्रिय जेहिं पार न पाईं। नहिं सच्चिदानन्दघन ध्याहीं॥
व्यक्ति भाव मो महँ सो धरहीं। धरहुं जन्म सो भ्रम अनुसरहीं॥ 24 ॥

दोहा: निज माया से गुप्त मैं, नहिं जानहिं सब कोय।
मैं अविनाशी सर्वदा, जन्म मरण नहिं होय॥ 25 ॥

चौपाईः सकल भूत जे भये अतीता। वर्तमान जे रहहिं प्रतीता॥
आगे जो भविष्य गति होई। जानहुँ सकल नहीं कछु गोई॥
मो कहँ जान सकहि नहिं कोई। श्रद्धा भक्ति न जामहँ होई॥ 26 ॥

अर्जुन सुनहु सकल जग माहीं। द्वन्द रूप सुख-दुःख दिखाहीं॥
मोह रूप इनके वश होई। नर अज्ञान ज्ञान सब खोई॥ 27 ॥

जे आचरहिं श्रेष्ठ निज कर्मा। विनसेउ पाप धरेउ शुचि धर्मा।
जिन कर राग द्वेष विनसाया। मोहरूप सब द्वन्द लुकाया॥
ते अति दृढ़ निश्चय मन धारी। भजहिं मोहि सब भांति सम्हारी॥ 28 ॥

मम शरणगति हुइ जो प्राणी। जनम मरण दुखःदायक जानी॥
करइ प्रयत्न मुक्ति हित जोई। सकल ब्रह्मसन भावइ सोई॥
तेइ जानहिं अध्यात्म सुरूपा। सकल कर्म सब भाँति अनूपा॥ 29॥

दोहाः जो प्राणी अधिभूत सह, अरु अधि देव समस्त।
जानहिं मोहि अधियज्ञ सह, सकल कर्म महँ न्यस्त॥ 30क॥
युक्त चित्त अस जे पुरुष, सुमिरहिं आवत काल।
पावहिं ते मो कहँ सुमति, भव निधि तरहिं विशाल॥ 30ख॥

॥ ॐ तत्सदिति श्रीमद्भगवद्गीता सूपनिषत्सु ब्रह्मविद्यायां योगशास्त्रे
श्रीकृष्णर्जुनसंवादे ज्ञानविज्ञानयोगो नाम सप्तमोऽध्यायः॥ 7॥

****

हरिः ॐ तत्सत् हरिः ॐ तत्सत् हरिः ॐ तत्सत्

****

॥ ॐ श्रीपरमात्मनेनमः ॥
गीतागुञ्जन
श्रीमद्भगवद्गीता का संस्कृत से काव्यानुवाद

अष्टमोऽध्यायः

अर्जुन कथनः

दोहाः   पुरुषोत्तम बूझहुँ तुम्हहिं, कहहु मोहि समझाय ।
कहा ब्रह्म? अध्यात्म का? का अधिभूत कहाय? ॥ 1 ॥

चौपाईः   मधुसूदन यह मोहि बतावहु । हैं अधियज्ञ कहा समझावहु ॥
केहि विधि यह शरीर महँ व्यापहि । अन्तकाल किमि तुम कहँ जानहि ॥ 2 ॥

श्रीभगवान कथनः

अक्षर परम सो ब्रह्म कहाई । निज स्वरूप अध्यात्म बताई ॥
त्याग जो भूत भाव उपजाई । ता कहँ मर्म कहहिं बुध गाई ॥ 3 ॥

जे पदार्थ नित उपजहिं विनसहिं । जग अधिभूत कहहिं सब तिनकहिं ॥
जो हिरण्यमय पुरुष सुहावा । ताहि सुनहु अधिदेव कहावा ॥
हे नर श्रेष्ठ! सुनहु तन माहीं । मैं अधियज्ञ अन्य कोउ नाहीं ॥ 4 ॥

अन्तकाल त्यागत नर देहा । सुमिरत मोहि अविचल धर ध्येया ॥
सो साक्षात् रूप मम पावहिं । धरहु न मन शंका कुछ या महिं ॥ 5 ॥

जे जे भाव धरत मन रहई । अन्तकाल सो सुमिरत अहई ॥
पावहि सो तन जो मन भजही । विविध जन्म जब जब तन धरही ॥ 6 ॥

अतः पार्थ मम सुमिरन करहू । करत युद्ध चित मोहि सुमिरहू ॥
इहि विधि मन बुद्धिहि ठहरवाहु । पावहुगे मोहि निश्चित जानहु ॥ 7 ॥

जो अभ्यास ध्यान कर करहीं । अविचल चित्त ईश कहँ भजहीं ॥
परम पुरुष ज्योर्तिमय जोई । ता महँ अन्तकाल गति होई ॥ 8 ॥

दोहा: जो नर सुमिरहिं ईश कहँ, जान सकल सर्वज्ञ ।
जगत नियन्ता अज अमर, आदि अनादि सुविज्ञ ॥ 9क ॥
सूक्ष्म रूप से भी अमर, मान अचिन्त्य स्वरूप ।
अति चेतन रवि सम प्रखर, सब विधि अमल अनूप ॥ 9ख ॥

सोरठाः परमेश्वर सुख धाम, शुद्ध सच्चिदानन्द घन ।
नेम सहित अविराम, धरहिं ध्यान एकाग्र मन ॥ 9ग ॥

चौपाईः भक्ति युक्त अस निज बल योगी । प्राण भ्रकुटि विच करहिं नियोगी ॥
अन्त काल प्रभु भक्ति दृढाई । दिव्य रूप ईश्वर कह पाई ॥ 10 ॥

कहहिं वेद विद जेहिं अविनाशी । सो सच्चिदानन्द घन राशी ॥
राग रहित जे विदु सन्यासी । करन प्रवेश होहिं सुप्रयासी ॥
ब्रह्मचर्य व्रत जेहि लगि करहीं । पाय परम पद व्रत आचरहीं ॥
सो संक्षेप कहहुँ मैं तोही । सुन धर ध्यान परम पद ओही ॥ 11 ॥

कर निरोध निज इन्द्रिय द्वारा। स्थिर मनहिं करहिं निरधारा॥
प्राणहिं कर मस्तक स्थापित। सुस्थिर होय सुयोग समाहित॥
ॐ एक अक्षर जो ब्रह्मा। उच्चारहिं कर ध्यान अरम्भा॥
निर्गुण ब्रह्महि जो धर ध्याना। करहिं पुरुष तज देह प्रयाना॥
तेहि कर आवागमन न होई। पावहि पुरुष परम गति सोई॥ 12-13॥

नित्य निरन्तर सुमिरन करही। मो पुरुषोत्तम थित चित धरही॥
योगी सतत मोहि जो ध्यावहि। सहज रूप सो मो कहँ पावहि॥ 14॥

परम सिद्धि हित जो जन ध्यावहिं। सो मो परमात्मा कहँ पावहिं॥
ते न धरहिं पुनि देह बहोरी। क्षण भंगुर दुःख ग्रह भव छोरी॥ 15॥

दोहा: ब्रह्मलोक लगि लोक सब, पुनरावर्ती आहिं।
मोकहँ अर्जुन पाय जो, पुनर्जन्म नहिं ताहि॥ 16॥

चौपाईः ब्रह्मा केर दिवस जो होई। एक सहस्त्र चतुर्युग सोई॥
इहि विधि निशा ब्रह्म की जोई। एक सहस्त्र चतुर्युग सोई॥
इहि विधि काल तत्व जे जानहि। ते योगी कालहिं पहिचानहिं॥ 17॥

सकल चराचर भूत सुहाये। उपजहिं ब्रह्म दिवस के आये॥
सूक्ष्मरूप ब्रह्मा तन धारा। तेहिते उपजहि सकल पसारा॥
होत रात्रि जब ब्रह्मा केरी। प्रवसहिं ब्रह्मा वदन निवेरी॥
जेहि विध जे पूरव उपजाहीं। पुनि अव्यक्त ब्रह्ममें जाहीं॥ 18॥

पार्थ सुनहु सो भूत समूहा। पुनि पुनि उपजहिं धर धर जूहा॥
होयँ लीन सन्ध्याके आये। पुनः प्रकृति वश सकल नसायें॥

दिवस प्रवेश काल उपजावहिं। इहि क्रम प्रकृति सुचक्र चलावहि ॥ 19 ॥
जो अव्यक्त ब्रह्म मैं गावा। तेहिते परे अन्य इक भावा ॥
सो अव्यक्त सनातन अहई। अमित विलक्षण गति सो लहई ॥
परम दिव्य सो नाश न पावा। सकल भूतगण जदपि नशावा ॥ 20 ॥

चौपाईः सो अक्षर अव्यक्त कहावा। यहहि परम गति नाम सुहावा ॥
पाय सनातन यहि अव्यक्तहिं ॥ पुरुष न पुन आवाहि यह जगतहिं ॥
येही परम धाम मम सोहा। जानहु ताहि त्याग संदेहा ॥ 21 ॥

सुनहु पार्थ जेहि परमेश्वर वस। सकल भूत आधीन रहहिं तस ॥
जे सच्चिदानन्द घन स्वामी। व्यापहि सकल विश्व अभिरामी ॥
ताकर प्राप्ति उपाय न आना। भजहि अनन्य भक्ति धर ध्याना ॥ 22 ॥

दोहा: मार्ग जो योगी तजत तन, आवहिं पुनि न सुजान।
आवहिं पुनः सुमार्ग जेहि, सो सब कहहुँ बखान ॥ 23 ॥

चौपाईः अग्नि ज्योति दिन पक्ष उजेरा। माह उत्तरायण छह केरा ॥
इन कर देव कहेउ अभिमानी। निज निज लोकहिं जीव प्रयानी ॥
पावहिं ब्रह्म ब्रह्मविद जायें। पुनः पुनः इहि लोक न आयें ॥ 24 ॥

धूम रात्रि अरु पक्ष अँधेरा। माह दक्षिणायन छह केरा ॥
अभिमानी देवन इन केरे। जीवन लै निज लोकन प्रेरे ॥
योगी तजत देह इन माहीं। चन्द्र ज्योति पा पुनि पुनि आहीं ॥ 25 ॥

जगत मान्य यह रीति सुहाई। शुक्ल कृष्ण दुइ मार्ग कहाई ॥
शुक्ल मार्ग जो त्यागहिं देहा। तिनहिं न पुनः जगत कर गेहा ॥
कृष्णमार्ग जो जावहिं योगी। पुनि पुनि जन्म मरन सो भोगी ॥ 26 ॥
इहि विधि तत्व सहित यह जाना। योगी धरत न मोह सुजाना ॥
अर्जुन! अतः योग युत होही। सुमिरन करहु निरन्तर मोही ॥ 27 ॥

दोहा: दान यज्ञ वेदन पठन, तप कर फल जो होय।
तत्व सहित यह ज्ञान गह, पाय परम पद सोय ॥ 28 ॥

॥ ॐ तत्सदिति श्रीमद्भगवद्गीता सूपनिषत्सु ब्रह्मविद्यायां योगशास्त्रे श्रीकृष्णर्जुनसंवादे ज्ञानविज्ञानयोगो नाम अष्टमोऽध्यायः ॥ 8 ॥

****

हरिः ॐ तत्सत् हरिः ॐ तत्सत् हरिः ॐ तत्सत्

****

॥ ॐ श्रीपरमात्मनेनमः ॥

गीतागुञ्जन

श्रीमद्भगवद्गीता का संस्कृत से काव्यानुवाद

नवमोऽध्यायः

श्री भगवान वचनः

दोहा: सुनहु पार्थ भगवन् कहेउ, गूढ रहस्य सुजान।
गोपनीय विज्ञान सह, ज्ञान मोक्ष की खान ॥ 1क ॥
दोष दृष्टि तुझमें नहीं, तुम मेरे प्रिय भक्त।
जो जानइ इहि ज्ञान कहँ, नहीं जनम पुनि जक्त ॥ 1ख ॥

चौपाईः यह विज्ञान सहित जो ज्ञाना। सब विध्यन कर राजन जाना ॥
अति पवित्र अति उत्तम जानहु। यह साधत प्रत्यक्ष फल पावहु ॥
जद्यपि सरल सदा अविनाशी। मोक्ष मार्ग विज्ञान प्रकाशी ॥ 2 ॥

पार्थ ! न जो पालहिं यह धर्मा। श्रद्धा रहित करहिं बहु कर्मा ॥
सो अस पुरुष न मो कहँ पावहिं। पुनि पुनि जगत चक्र भ्रम भारहिं ॥ 3 ॥

सकल जगत महँ मैं ही व्यापहुँ। निराकार परिपूरण भासहुँ ॥
भूत जु स्थित जगत मझारी। ते सब मम संकल्प अधारी ॥
जग स्थित सब भूत दिखाहीं। पार्थ किन्तु उनमें मैं नाहीं ॥ 4 ॥

भूत न ते स्थित मो मोहीं। इन कहँ मम माया उपजाहीं ॥
योग शक्ति देखहु मम ताता। महीं सकल भूतन कर त्राता ॥
यद्यपि मैं धारहुँ इन काहीं। तदपि पार्थ मैं इन महँ नाहीं ॥ 5 ॥

पवन गगन महँ स्थित होई। विचरहि सकल जगत में सोई ॥
तिम सब भूत मोर उपजाये। मो महँ जानहु ते नित छाये ॥ 6 ॥

अर्जुन सुनहु कल्प के बीते। होत भूत मम प्रकृतिहिं रीते ॥
जब जब कल्प आगमन होई। पुनि पुनि भूत रचहुँ मैं सोई ॥ 7 ॥

अंगीकार प्रकृति कर अपनी। जो परवश स्वभाव वल बरनी ॥
बारम्बार रचहुँ सब भूता। जेहि के जैसे कर्म प्रसूता ॥ 8 ॥

दोहा: उन कर्मन के बीच में, नहिं मम कछु आसक्ति।
बॉध सकहिं नहिं कर्म सो, उदासीन सुविरक्ति ॥ 9 ॥

चौपाईः अर्जुन सुनहु प्रकृति यह सारी। विरचहि जगत चराचर झारी।
मम आधीन जगत गति लहही। यह संसार चक नित भ्रमही ॥ 10 ॥

चौपाईः परम भाव मम जानत नाहीं। मूढ मोहि नर मानत आहिं ॥
मैं ईश्वर सब भूतन केरा। धरहुँ देह निज माया फेरा ॥
जग उद्धार हेतु तन धारी। जानहिं मर्त्य मनुज अविचारी ॥ 11 ॥

आशा व्यर्थ व्यर्थ सब कर्मों। व्यर्थ ज्ञान धारी जग भर्मा ॥
जे विक्षिप्त चित्त अज्ञानी। असुर राक्षसी वृत्ति सुहानी ॥
धारत रहहिं मोहिनी वृत्ती। निज अज्ञान रहहिं अभिशप्ती ॥ 12 ॥

कुन्तीपुत्र सुनहु मम वानी। देवी प्रकृति युक्त जो प्रानी ॥
सर्व भूत आत्मा मोहि जानी। कारण मोहि सनातन मानी ॥
नाश रहित अक्षर अविनाशी। भजहिं निरन्तर कर विश्वासी ॥ 13 ॥

अस दृढ निश्चय भक्त निरन्तर । भजहिं नाम गुण धर निज अन्तर ॥
करहिं प्रणाम मोहि चित धारहिं । ध्यावहिं मोहि सुयत्न विचारहिं ॥ 14 ॥

अन्य ज्ञान योगी मोहि ध्याहीं । निर्गुण निराकार मन माहीं ॥
धरहिं अनन्य भाव चित चेती । पूजहिं मोहि कहें पावन हेती ॥
जानहिं कछु विराट परमेश्वर । विविध भाँति पूजहिं सर्वेश्वर ॥ 15 ॥

क्रतु में ही अरु यज्ञहु मैं ही । मैं ही स्वधा औषधी मैं ही ॥
मन्त्र और घृत अग्नी मैं ही । हवन रूप जो क्रिया सु मैं ही ॥ 16 ॥

दोहा: मुझको तू इस जगत का, धारण हारा जान ।
मैं माता पितु पितामह, जानन योग्य महान ॥ 17 क ॥

मैं ॐ कार पवित्र हूँ, साम यर्जुऋग वेद ।
जो भी कर्ता कर्म नर, देता फल निर्भेद ॥ 17 ख ॥

चौपाई: परम धाम मैं पावन योगू । पालहुँ पोषहुँ सब जग लोगू ॥
मैं ही स्वामि शुभाशुभ दाता । शरण योग्य स्थान सुहाता ॥
प्रलय और उत्पत्तिहु कर्ता । स्थिति अरु आधार प्रर्वता ॥
अन्तकाल व्यापहिं सब मोमहिं । अविनाशी कारण सब सोहहिं ॥ 18 ॥

मैं ही तपहुँ सूर्य के रूपा । करहुँ प्रवर्षण मेघ अनूपा ॥
अमृत मैं मृत्युहि मोहि माना । सत् अरु असत् सकल मोह जाना ॥ 19 ॥

वेद विधान तीन अनुसारी । करहिं सकाम कर्म नर नारी ॥
सोम पान निष्काम सुकरहीं । मो कहँ पय सुबिधि अनुसरहीं ॥
पुण्यरूप पावहिं सुर लोका । सुर सम सुख पा होंहिं विशोका ॥ 20 ॥

चौपाईः स्वर्ग विशाल भोग ते प्राणी। पुण्य होत जब क्षीण प्रमाणी ॥
ते पुनि मृत्यु लोक कहँ आवहिं। पुण्य-पाप फल सो अनुसारहिं ॥
कर्म सकाम वेद विधि करहीं। सकल भोग हित सो आचरहीं ॥
जनम मृत्यु कर चक्र भ्रमाहीं। भोगत भोग अन्त नाहें पाही ॥ 21 ॥

जे निष्काम भक्त मोहि भजहीं। नित्य निरन्तर चिन्तन करहीं ॥
तिन कर योग-क्षेम सब जोई। पूरहुँ मैं स्वयं ही सोई ॥ 22 ॥

अर्जुन! अन्य देव जो भजहीं। श्रद्धायुक्त सकाम सुमिरहिं ॥
यद्यपि ते सब पूजहिं मोही। जदपि अज्ञ नहिं विधवत् सोई ॥ 23 ॥

सब यज्ञन कर मैं ही स्वामी। मँही भोक्ता अरु अनुगामी ॥
जानत नाहिं तत्व सन मोही। पुनर्जन्म सो पुनि पुनि होही ॥ 24 ॥

पूजहिं देव सो देवन पाई। पितर पूज सो पितर समाही ॥
जो जन भूतन पूजत अहहिं। ते सब तिन भूतन कर लहहीं ॥
पूजहिं भक्ति सहित जो मोही। तिन कर पुनरजनम नहीं होही ॥ 25 ॥

दोहाः पत्र पुष्प फल और जल, करहिं समर्पित जोय।
मोय भक्ति सह देंय जो, मैं सब खाबहुँ सोय ॥ 26 ॥

चौपाईः जो कछु कर्म करके, जो आही। खावहि हवन करत जग माही ॥
देय दान जप तप कर जोही। सो सब करहु समर्पित मोही ॥ 27 ॥

सकल कर्म एही विधि जेहिके। मो भगवान समर्पित तेहि के॥
युक्त चित सन्यास योग युत। सकल शुभाशुभ कर्म होंहि प्लुत॥
होंहिं कर्म बन्धन सब नाशा। पावहु मोहि इमि धर सन्यासा॥ 28॥
मैं व्यापक सब भूतन मांहीं। सहजहिं प्रिय अप्रिय कोउ नाहीं॥
जो जन भजहिं प्रेम युत मोही। मो कहँ सो अतिशय प्रिय होहीं॥
सदा बसहिं सो मोरे अन्तर। मैं तिन कहँ प्रत्यक्ष निरन्तर॥ 29॥

होय दुराचारी जो अतिशय। भजहि मोहि कर सो दृढ निश्चय॥
धरहि अनन्य भाव मो माहीं। जानहु ताकहँ साधु सदा ही॥
ताके मन बस अस विश्वासा। सत् प्रभु भजन न अन्य सुपासा॥ 30॥

शीघ्र होत सो जन धर्मात्मा। पावहि शान्ति अचल निज आत्मा॥
अर्जुन! दृढ चित धर यह मानहु। नाश न होत भक्त सत् जानहु॥ 31॥

स्त्री वैश्य शूद्र चण्डाला। छुद्र योनि वा पाप विशाला॥
मोर शरण जो गहहि दृढाई। निश्चय सोइ परम गति पाई॥ 32 ॥
पुण्यशील ब्राह्मण अरु भक्ता। प्रवर राजऋषि तप संयुक्ता॥
हुइ शरणागति धर मन नेहा। पायँ परम गति नहिं संदेहा॥
क्षण भंगुर यह नर तन जोई। करहु भजन नित थित चित होई॥ 33॥

दोहा: मोर भक्त अर्जुन बनहु, धरहु सदा मन ध्यान।
कर प्रणाम नित भक्तियुत, पूजहु विविध विधान।
इहि विधि तुम निज आत्मा, मो महँ करहु विलीन।
मोर परायण होत तुम, पावहु मोहि अविछीन ॥ 34 ॥

॥ ॐ तत्सदिति श्रीमद्भगवद्गीता सूपनिषत्सु ब्रह्मविद्यायां योगशास्त्रे
श्रीकृष्णर्जुनसंवादे राजविद्याराजगुह्ययोगो नाम नवमोऽध्यायः ॥ 9 ॥

****

हरिः ॐ तत्सत् हरिः ॐ तत्सत् हरिः ॐ तत्सत्

****

॥ ॐ श्रीपरमात्मनेनमः ॥

गीतागुञ्जन

श्रीमद्भगवद्गीता का संस्कृत से काव्यानुवाद

दशमोऽध्यायः

भगवान वचनः

दोहा: महावाहु! सुनु वचन मम, कहहुँ तोर हित ज्ञान।
परम रहस्य सुगूढ अति, तोहि अतिशय प्रिय जान ॥ 1 ॥

चौपाईः सकल महर्षि देवगण ज्ञानी। मम उत्पत्ति रहस्य न जानी ॥
इन कर आदि अन्त है जोई। मो कहँ सब विधि जानहु सोई ॥ 2 ॥

मोहि अजन्मा कर जो जानहि। सकल विश्व कर ईश्वर मानहि ॥
जानत मोहि तत्व सन सोई। पाप मुक्त अस बुध जन होई ॥ 3 ॥

बुद्धि ज्ञान अरु असंमूढता। क्षमा सत्य शम दम निगूढता ॥
सुख-दुख उतपति-प्रलय समूहा। भय अरु अभय अहिंसा जूहा ॥
समता तप संतोषहु दाना। यश-अपयश जो जगत बखाना ॥
सकल भाव प्राणिन महँ जोही। जानहु सो मो ही सन होही ॥ 4-5 ॥

सप्त ऋषी सनकादिक चारी। चौदह मनु आदिक विस्तारी ॥
मो महँ धरहिं सकल ये भावा। निज संकल्पहिं इनहिं जनावा ॥
नर-नारी गण इहि जग जेते। भई प्रजा इनकी सो तेते ॥ 6 ॥

चौपाई : परम विभूति योग मम जानी। तत्व सहित महिमा पहिचानी ॥
अटल भक्ति योगहिं सो पावहि। जानहु सत्य न संशय या महिं ॥ 7 ॥

दोहा: कारण जो उत्पत्ति कर, सो मैं ही वसुदेव।
विवुध भक्त मो महँ करहिं, चेष्ठा सकल सदैव ॥ 8क ॥

सोरठाः जानहिं जो यह भांति, मो कह भजहिं सो नर सदा।
श्रद्धा भक्ति सुहाँति, ज्ञानी वुध जन सर्वदा ॥ 8ख ॥

चौपाई : भक्त मोर जो मो मन ल्याई। अर्पण करहिं प्राण मो मोहीं ॥
मम गुण अरु प्रभाव कर गानहिं। कहत कथा संतोषहिं पावहिं ॥
इहि विधि मिल कीरत विस्तारहिं। मन वसुदेव रमहिं न विसारहि ॥ 9 ॥

चौपाई : जो अस भक्त निरन्तर भजहीं। प्रेम सहित मो महँ चित धरहीं ॥
तिन कहँ तत्व ज्ञान कर योगा। देहुँ, सो मम पावहिं संयोगा ॥ 10 ॥

चौपाईः तिन पर करन अनुग्रह हेतू। अन्तःकरण बसहुँ चित चेतू ॥
जो अज्ञान जनित अँधियारा। नाशहुँ ज्ञान योग उजियारा ॥
तत्व योग कर दीपक बारी। करहुँ प्रकाश युक्त नर-नारी ॥ 11 ॥

अर्जुन कथनः

चौपाई : अर्जुन कहेउ ! सुनहु भगवाना। आपहि परम ब्रह्म गुन ज्ञाना ॥
आपहि परम धाम मैं जाना। आपहि परम पवित्र सुजाना ॥
कहहिं सकल ऋषि-मुनि विद्वाना। दिव्य सनातन पुरुष बखाना ॥
आदि देव देवन कर जोई। व्यापहु सर्व जन्म नहिं होई ॥

नारद देवल असित सुजाना। व्यास ऋषी तप पुञ्ज बखाना॥
आपहु मो कहुँ कहेउ सुहाँती। सो सब मैं जानेउ बहु भाँती॥ 12-13॥
केशव! कहेउ मोर प्रति जोई। मानहुँ सकल सत्य मैं सोई॥
जानहिं देव न दानव कोई। लीला मई रूप जो होई॥ 14॥

हे! भूतन के जन्म प्रदाता। पालहु सकल भूत तुम त्राता॥
सब भूतन के हो तुम ईश्वर। तुम देवन के देव सुरीश्वर॥
सकल जगत के प्रभु हे स्वामी। तुम ही पुरुषोत्तम परधामी॥
स्वयं आप से आपहि जानहु। अन्य न जो पावहि अनुमानहु॥ 15॥

दिव्य विभूति आप कर जोई। नहिं कोई जो वर्णहि सोई॥
आपहि हैं समर्थ जो जानइ। अन्य कोउ केहि भाँति बखानहि॥
जे विभूति व्यापक कर जगता। स्थित रहहु धार निज प्रभुता॥ 16॥

केहि विधि चिन्तन करत निरन्तर। जानहुं तुमहिं धार उर अन्तर॥
कहहु सो भाव जिनहिं मैं जानी। धरहुँ चित्त जिन-जिन अनुमानी॥ 17॥

दोहा: कहहु जनार्दन मोहि पुनि, योग शक्ति-रु-विभूति।
वरणहु सब विस्तार से, होवहि तृप्ति अकूत॥ 18क॥
अमृत मय प्रभु तब वचन, सुनत होत नहिं तृप्ति।
कहहु मोर हित प्रभु सबहिं, जेहि विधि रहहिं न क्षिप्त॥ 18ख॥

श्रीभगवान वचनः

चौपाईः हे कुरु श्रेष्ठ वचन सुन मोरे। कहिहहुँ निज विभूति हित तोरे॥
जानहु मम अनन्त विस्तारा। सो संक्षिप्त करहुँ निरधारा॥ 19॥

अर्जुन! सुनहु भूत जग जोई। तिन कर हृदय आत्मा मोई ॥
आदि, मध्य अरु अन्त कहाई। सो सब मैं ही जानहु भाई ॥ 20 ॥

चौपाईः द्वादश पुत्र अदिति के जोई। तिन महँ विष्णु सुनहु मैं सोई ॥
ज्योर्तिमय जो किरण प्रकाशी। जानहु तिन महँ रवि सुख राशि ॥
तेज मरुदगण कर मोहि जानो। नक्षत्रन अधिपति शशि मानों ॥ 21 ॥

सामवेद मैं वेद मझारी। देवन मध्य इन्द्र अधिकारी ॥
में मन सकल इन्द्रियन माहीं। चेतनता जो भूत कहाहीं ॥ 22 ॥

शंकर एकादश रुद्रन महँ। यक्ष-राक्षस मैं कुवेर तहँ ॥
अष्ट वसुन महँ पावक हेरू। शिखर युक्त गिरि जान सुमेरू ॥ 23 ॥

प्रमुख पुरोहित सुरगुरु जानहु। सेनापतिन षणानन मानहु ॥
सकल जलाशय जे जग माहीं। मैं सागर मो सम कोउ नाहीं ॥ 24 ॥

परुषराम ऋषियन में जानो। ओंकार इक अक्षर मानो ॥
सब जापन महँ मैं जप यज्ञा। अचलन माहिं हिमांचल संज्ञा ॥ 25 ॥

पीपल वृक्षन माहिं अनूपा। देवऋषी नारद मम रूपा ॥
जो गन्धर्व चित्ररथ आहीं। सो मो सन नहिं भिन्न कहाहिं ॥
सिद्धन माहिं कपिल मुनि जोई। सो मोरे सरूप जिमि होंहीं ॥ 26 ॥

दोहा: जो अमृत संग जन्मेउ, उच्चैश्रवा तुरंग।
सब अश्वन महँ श्रेष्ठ सो, जानहु मोरा अंग ॥ 27क ॥
एरावत गज श्रेष्ठ जो, सो मेरो ही रूप ॥
सकल मनुष्यन महि लखो, जो मैं हूँ सो भूप ॥ 27ख ॥

चौपाईः शस्त्रन बज्र अन्य कछु नाहीं। कामधेनु गौ गउअन माहीं ॥
सत्सन्तान हेतु कन्दर्पा। वासुकि सर्वश्रेष्ठ जो सर्पा ॥ 28 ॥
शेषनाग नागन महँ नामी। वरुणदेव जलचर कर स्वामी ॥
पितर अयर्मा मो कहँ जानहु। शासन कर्ता यम पहिचानहु ॥ 29 ॥

तैं प्रहलाद जो दैत्य कहाये। समयहिं जानहु काल सुहाये ॥
पशुअन माँहिं सिंह बलवाना। पक्षिन श्रेष्ठ गरुण गतिमाना ॥ 30 ॥

पवन सकल जग पावन कर्ता। मैं ही राम शास्त्र जो धर्ता।
सब मछलिन महँ मगर दबंगा। सरितन श्रेष्ठ नदी मैं गंगा ॥ ॥ 31 ॥

आदि अन्त सब श्रष्टिन केरा। मैं ही मध्य जगत कर हेरा ॥
सब विद्या जे जगत प्रसारी। मैं अध्यात्म श्रेष्ठ सुविचारी ॥
वाद विवाद करहि जो कोई। वाद सु मैं निर्णय कर जोई ॥ 32 ॥

में अकार सब अक्षर माहीं। मोही द्वन्द समास कहाई।
अक्षय काल काल कर काला। अति विराट चहुँ दिशि मुखवाला ॥
पालहुँ पोषहुँ सकल जहाना। धरहु हृदय अर्जुन यह ज्ञाना ॥ 33 ॥

चौपाई : महीं मृत्यु जासहिं सब विनसहिं । अरु उत्पत्ति हेतु जो उपजहिं ॥
मैं ही कीर्ति, वाक्, श्री स्मृति । नारिन, मेधा क्षमा और धृति ॥ 34 ॥

गायन योग्य सकल श्रुति जोई ॥ तिन महँ बृहत्साम् में सोई ।
छन्दन महँ गायत्री जानहु । मासन मार्गशीर्ष पहिचानहु ॥
प्रकृति जन्य जे षड्ऋतु आहीं । में वसन्त तिन ऋतुअन माहीं ॥ 35 ॥

जो छल करहिं जुआ तिन माहीं । तेज सकल तेजास्विन काहीं ॥
विजय विजेता कर कहलाऊँ । निश्चित कर निश्चय मम नाऊँ ॥
पुरुष सात्विक जे जन जानहु । तिन कर सत्व भाव मोहि मानहु ॥ 36 ॥

दोहाः वृष्णिवंश वसुदेव में, पाण्डव पार्थ सुजान ।
व्यास मुनी मुनि कविन में, शुक्राचार्य महान ॥ 37 ॥

चौपाईः दण्ड शक्ति जे दमन कराहीं । नीति विजय जिनके मन माहीं ॥
गोपनीय हित मौन सुहावा । ज्ञानिन तत्व ज्ञान कर भावा ॥ 38 ॥

अर्जुन! जगत भूत जे आहीं । मैं ही जनक अन्य कोउ नाहीं ॥
चर अरु अचर भूत नहिं कोई । मो सन रहित जगत में जोई ॥ 39 ॥

सुनहु परंतप जो में कहेऊ । सो सब अति संक्षपहिं कहेऊ ॥
मेरी विभूति अति दिव्य अनन्ता । नहिं कोऊ ताकर अनुमन्ता ॥ 40 ॥

अत: पार्थ धारहु यह ध्याना । जे जे जगत पदारथ नाना ॥
तिन महँ जो एश्वर्य बखाना । कान्ति शक्ति युत जामहिं जाना ॥

ते सब मोर अंश युत होई। तासन रहित कतहुँ नहिं कोई ॥ 41 ॥

दोहा: बहुत करहु का जान कर, जानहु सत्य यथार्थ।
में धारहुँ इहि जगत को, अंश मात्र से पार्थ ॥ 42 ॥

॥ ॐ तत्सदिति श्रीमद्भगवद्गीता सूपनिषत्सु ब्रह्मविद्यायां योगशास्त्रे
श्रीकृष्णर्जुनसंवादे विभूतियोगो नाम दशमोऽध्यायः ॥ 10 ॥

****

हरिः ॐ तत्सत् हरिः ॐ तत्सत् हरिः ॐ तत्सत्

****

॥ ॐ श्रीपरमात्मनेनमः ॥

गीतागुञ्जन

श्रीमद्भगवद्गीता का संस्कृत से काव्यानुवाद

एकादशोऽध्यायः

अर्जुन कथनः

दोहा: मोपर करने को कृपा, कहेउ गुप्त अति ज्ञान ।
आध्यात्मिक उपदेशसुन भयेउ दूर अज्ञान ॥ 1 ॥

चौपाई : क्योंकि सुनेहु मैं सह विस्तारा । जिमि भूतन कर भयेउ प्रसारा ॥
उत्पति पालन प्रलय कहानी । सो सब विविध भँति में जानी ॥
कमल नयन मैं सुनी तुम्हारी । अविनाशी महिमा जो न्यारी ॥ 2 ॥

हे परमेश्वर ! जो तुम कहेऊ । सोई सकल भाँति तुम अहहू ॥
किन्तु एक इच्छा बड मोरे । देखन चहहुँ रूप सो तोरे ॥
जेहिं महँ सब ऐश्वर्य विशेषी । सो प्रत्यक्ष चाहहुँ मैं देखी ॥ 3 ॥

हे प्रभु! सो वह दिव्य स्वरूपा । नित्य अव्यय अविनाशि अनूपा ॥
जो तुम्हार मन अस अनुमाना । देख सकहुँ सो मैं चह माना ॥
तो योगेश्वर निज जन जाना । दर्शावहु मोहि कृपा निधाना ॥ 4 ॥

श्रीभगवान वचनः

चौपाई : सुनहु पार्थ अब तुम धर ध्याना । देखहु मम स्वरूप विधि नाना ।।
शत सहस्त्र अगणित जो रूपा । विविध वर्ण आकृती अनूपा ।।
दिव्य अलौकिक सकल प्रकारा । वरण न जाहि अपार प्रसारा ।। 5 ।।

भारत ! देखहु मो महँ व्यापे । वसु आदित्य रुद्र सब थापे ।।
दुइ अश्वनी कुमार सहेते । सकल मरुदगण आदिक जेते ।।
औरहु जो न कतहुँ तुम देखहु । सब आश्चर्य सहित अब पेखहु ।। 6 ।।

अर्जुन! देखहु मम तन माहीं । सचराचर सब जगत समाहीं ।।
देखहु सो सब इहिं इक ठौरी । औरहु जो कछु इच्छा तोरी ।। 7 ।।

प्राकृत नेत्र तोर जो आहीं । इन सन देखहु सम्भव नाहीं ।।
दिव्य नेत्र निज देवहुँ तो ही । ता सन देख सकहु तुम मोही ।।
योग शक्ति ऐश्वर्य समेता । देखहु सकल अलौकिक जेता ।। 8 ।।

सञ्जय कथनः

दोहा : राजन अस कह श्री हरी, दिव्य रूप प्रकटाय ।
बोले अर्जुन सन लखहु मम ऐश्वर्य अघाय ।। 9 ।।

चौपाई : बहुतक मुख अरु नेत्र सुहाये । अद्भुत दर्शन सब दिशि छाये ।।
बहुतक आभूषण तन ल्याये । दिव्य शस्त्र निज करन उठाये ।।
माला दिव्य वक्ष पर धारें । तन पर सुन्दर वस्त्र सम्हारें ।।
दिव्य गन्ध कर लेप सुहावा । सकल शरीर सुगन्ध बसावा ।।
अति आश्चर्य युक्त सो रूपा । सो असीम सब भाँति अनूपा ।।
सबहिं ओर मुख तिनके छाये । अति विराट सो अद्भुत भाये ।।

परम देव परनेश्वर देखे। अर्जुन श्री हरि रूप अलेखे॥ 10-11 ॥

जो नभ उएहिं सहस्त्रन भानू। सो प्रकाश कर कर अनुमानू॥
तदपि सो विश्वरूप भगवाना। तासु प्रकाश न पावहि आना॥ 12 ॥

अर्जुन तब हेरेउ इक ठाहीं। सकल विश्व हरि के तन माहीं॥
तेहि महँ प्रथक प्रथक संसारा। देखेउ बहु विधि जगत पसारा॥ 13 ॥

तब अर्जुन कर धर निज शीशा। करेउ प्रनाम हरष जगदीशा॥
रोमावली पुलक तन भारी। बोलेउ वचन सुनहु बन्वारी॥ 14 ॥

तब तन देखहुँ सब ही देवन। सकल भूतगन अरु सब उरुगन॥
कमलासन पर राज विधाता। सबहिं ऋषीगन अरु शिव त्राता॥ 15 ॥

हे! प्रभु अखिल विश्व के स्वामी। देखहुँ रूप अनन्त अयामी॥
बहु भुज बहु मुख उदर अपारा। बहुत नेत्र को सकहि सम्हारा॥
विश्वरूप तव तन अस आही। आदि न मध्य न अन्त दिखाही॥ 16 ॥

दोहा: मुकुट शीश अरु गदा युत, चक्र धरे निज हाथ।
लखहुँ प्रकाशित सकल दिशि, अग्नि सूर्य ज्यों नाथ॥ 17क ॥
देखन महँ प्रभु अति कठिन, प्रज्वलित रूप अनूप।
चहुँ दिशि में देखहुँ चकित, तव अप्रमेय स्वरूप ॥ 17ख ॥

चौपाईः तुमही हो प्रभु जानन जोगू। परम ब्रह्म परमेश्वर योगू॥
तुमहिं परम आश्रय संसारा। तुमहिं धर्म रक्षक अविकारा॥
तुमहिं अनादि सनातन पुरूषा। मो मत यहहि सकल निष्कर्षा॥ 18 ॥

देखहुँ तुमहिं अनादि अनन्ता। नहिं कछु आदि अन्त पर्यन्ता॥
प्रभु अनन्त सामर्थ्य तुम्हारी। अगनित सुदृढ भुजा तुम धारी॥
चन्द्ररु सूर्य रूप तब नयना। अग्निरूप प्रज्वलित मुख अयना॥
तुम ही तप्त करहु सब लोका। सो सब मैं निज नयन विलोका॥ 19॥

पृथ्वी लगि सुरपुर आकाशा। सकल दिशा चहुँ ओर सुपासा॥
मैं अनन्त देखहुँ सब ठाहीं। तुमही सन परिपूर्ण दिखाहीं॥
चौपाई : लख विकराल अलौकिक रूपा। तीनहुँ लोक परे भय कूपा॥ 20॥

देव समूह सकल जे अहहीं। तुम महँ सो प्रवेश सब करहीं।
कछुक खड़े अतिशय भयभीता। जपहिं नाम गुन गायँ विनीता॥
सिद्ध महर्षि आदि समुदाई। करहिं स्वस्ति वाचन शुभ गाई॥
स्तुति करहिं श्रेष्ठ स्तोत्रन। अति उत्तम रुचिकर संयोजन॥ 21॥

सकल रुद्र आदित्यन जुहा। विश्वदेव वसु साध्य समूहा॥
दुइ अश्विनी मरुद्गण सर्वा। पितर समूह यक्ष गन्धर्वा॥
सिद्ध समूह निशाचर घोरा। विस्मित सकल लखहिं तब ओरा॥ 22॥

महावाहु तव बहु मुख देखी। बहुत नेत्र बहु वाहु विशेषी॥
पग अनेक जङ्घा बहु धारी। बहुत उदर बहु दाढ अपारी॥
अति विकराल रूप प्रभु जोई। व्याकुल सब मोहि जानहु सोई॥ 23॥

दोहा: हे विष्णू! तव रूप लखि, उपजहि मम हिय त्रास।
अति विशाल आकार तब, जहाँ लागि आकास॥ 24क॥
दीप्तिमान बहु वर्ण युत, मुख प्रसार विकराल।
नेत्र विशाल प्रदीप्त अति, देखत वदन विशाल॥ 24ख॥

दोहा: तुम्हहिं देख भयभीत मन, अन्तःकरण विक्षुब्ध।
नहीं शान्ति पावहुँ कतहुँ, होवहि धीरज लुब्ध ॥ 24ग ॥

चौपाईः लख विशाल डाढें अति तीखी। मुख अग्नी जिमि प्रलय सरीखी ॥
विकल विषाद दिशा नहिं जाना। हरष न कछु भय हृदय समाना ॥
होहु प्रसन्न देव देवेशा। जगन्नाथ प्रभु हे! विश्वेशा ॥ 25 ॥

पुत्र सकल धृतराष्ट्र सकेले। राजन सहित सबहिं जो ठेले ॥
प्रविशहिं ते सब तब मुख माहीं। भीष्म द्रोण कर्णहु जो आहीं ॥
औरउ प्रमुख हमारे जोधा। करहिं प्रवेश दौरि कर क्रोधा ॥
विकट दाढ युत तब मुख माही। वेग सहित सो सब मिल धाहीं ॥
तिन महँ कछुक चूर्ण सिर चाबें। दाढन बीच फँसे दिखरावें ॥ 26-27 ॥

जिमि बहुतक सरिता जल धावहिं। द्रुत गति सागर माहिं समावहिं ॥
तिमि नर लोक वीर सब धाहीं। प्रवशहिं तव प्रज्वलित मुख माहीं ॥ 28 ॥

जिमि पतङ्ग धावहिं अग्नी कहँ। वेगवान अति नष्ट होंय तहँ ॥
तेसेइ काल वश्य ये वीरा। प्रविशहिं तब मुख तजन शारीरा ॥ 29 ॥

सकल लोक मुख ग्रसत विलोकत। चहुँ दिशि चाटत अरु आलोडत ॥
तब अति उग्र तेज जग छाया। विष्णु न पावत जगत निकाया ॥ 30 ॥

दोहा: करके कृपा बताइये, उग्र रूप धर कोय।
हे देवन में श्रेष्ठ प्रभु, नमस्कार मम होय ॥ 31क ॥
हों प्रसन्न करके कृपा, जानन चहहुँ निःशेष।
नहिं जानहुँ मैं आपकी, कहा प्रवृत्ति विशेष ॥ 31ख ॥

भगवान वचनः

चौपाई : अर्जुन सुनहु बतावहुँ तोही। महाकाल बड जानहु मोही ॥
नाशन हेतु सकल संसारा। धरेउ विराट सरूप अपारा ॥
जे जोधा प्रतिपक्षिन करे। नाशहुँ तिनहिं विना मैं तेरे ॥ 32 ॥

सो उठ ! अरु जय पावहु वेगी। शत्रुन दलहु राज्य सुख भोगी ॥
सूर वीर जे मैं सब मारे। प्रथमहिं ते विनु जुद्ध तुम्हारे ॥
उठहु सव्यसाची यह जाने। बनहु निमित्त मात्र यश पाने ॥ 33 ॥

भीष्म द्रोण जयद्रथ अरु कर्णा। अन्य अनेक वीर जो वर्णा ॥
हतेउ इनहिं मैं तुम्हरे कारण। मारहु तुम भय करहु निवारण ॥
जीतहु तुमहिं करहु विश्वासा। करहु युद्ध तज सकल निराशा ॥ 34 ॥

सुनत वचन केशव प्रभु करे। मुकुट धरे अर्जुन भय हेरे ॥
कर प्रणाम गदगद् तन भयऊ। कम्पित गात जोर कर कहऊ ॥ 35 ॥

उचित यहहि हे अन्तर्यामी। करत कीर्तन तब गुण ग्रामी ॥
नाम प्रभाव सकल जग देखी। अति हर्षित अनुराग विशेषी ॥
अति भयभीत राक्षसन जाना। विकल दिशन कर करत पयाना ॥
देखहुँ खड़े सिद्धगण जेते। करहिं प्रणाम शीश धर तेते ॥ 36 ॥

हे ब्रह्मा के जनक महात्मन्। सबसे ज्येष्ठ आप परमात्मन् ॥
कस न होंय ये प्रणति तुम्हारी। तुम ही जग महिमा विस्तारी ॥
हे अनंत ! हे जगदाधारा ! । हे देवेश ! सत् असत् सारा ॥
इहिते परे जु अक्षर होई। तुम सच्चिदाननदघन सोई ॥ 37 ॥

आदि देव प्रभु परम सनातन। आश्रय जग के तुम हिं पुरातन॥
तुमहिं जगत के जानन हारे। जानन योग सो तुम हो सारे॥
परम धाम है अनन्त रूपा। तुमही से जग व्याप्त अनूपा॥ 38॥

तुमही वायु तुमहिं यम राजा। अग्नी वरुण निशाकर भ्राजा॥
ब्रह्मा सकल प्रजा के स्वामी। वारम्वार नमामि नमामी॥
वारम्वार प्रणाम सहस्त्रन। नमस्कार हे देव पुरातन॥ 39॥

दोहा: हे अनन्त सामर्थ युत! नमस्कार प्रभु मोर।
नमस्कार आगे करूँ, पीछे भी सब ओर॥ 40॥
प्रभु सर्वात्मन आप ही, विक्रम शक्ति अनन्त।
तुमहीसे सब व्याप्त हैं, ये दिग् और दिगन्त॥ 40ख॥

चौपाईः नहिं जानहुँ तब अमित प्रभाऊ॥ मानहुँ तुम कहँ स्खा स्वभाऊ॥
सो हे कृष्ण! सखा! हे यादव!! कहेउ तुमहिं यह विधि हे माधव!!
हे अच्युत! मैं किय अपमाना। शैया भोजन शयन अयाना॥
करत विहार समय जब एकू। अथवा जब तब सखा अनेकू॥
करहु क्षमा अपराध हमारे। अमित प्रभाव अचिन्त्व तुम्हारे॥ 41-42॥

सकल चराचर जगत पसरा। तुम ही गुरू पिता अति भारा।
सब विधि पूजनीय प्रभु आपू। नाहिं अन्य कोउ अस परतापू॥
तुम समान दूजा कोउ नाहीं। तुम से अधिक होय केहि घाहीं॥ 43॥

हे प्रभु धर तब चरण शरीरा। सबविधि अर्पण करहुँ सभीरा॥
करहुँ प्रणाम धरणि धर माथा। स्तुति योग्य ईश तुम नाथा॥
होहु प्रसन्न विनय यह मेरी। क्षमा करहु अपराध निवेरी॥ 44॥

अति आश्चर्य युक्त तब रूपा। सो अपूर्व सब भाँति अनूपा॥
मो कहँ होत हर्ष अति भारी। यह तब अद्भुत रूप निहारी॥
भय व्यापहि मोरे मन माहीं। व्याकुल हृदय शान्ति कछु नाहीं॥
मोहि दिखाहु चतुर्भुज रूपा। वारम्वार विनय सुर भूपा॥
हे देवेश ! जगत के स्वामी। होहु प्रसन्न नमामि नमामी॥ 45॥

चाहहुँ तुमहिं मुकुट धर देखहुँ। गदा चक्र कर महँ अवलोकहुँ॥
विश्वरूप हे सहस्त्र वाहू। रूप चतुर्भुज प्रभु प्रकटाहू॥ 46॥

श्रीभगवान वचनः

अर्जुन सुनहु कहुँ मैं तोही। मैं कर कृपा दिखावा जोही॥
सो मम योग शक्ति आधारा। तेजो मय विराट विस्तारा॥
सब का आदि, असीमित जोई। अतिशय तेजोमय छवि होई॥
अब लगि सो नहिं देखा कोई। केवल तुमहिं दिखावा सोई॥ 47 ॥

दोहा: अर्जुन सुन नर लोक में, विश्वरूप यह मोर।
नहिं सम्भव देखे कोई, यज्ञ वेद पढ़ घोर॥ 48क॥
दान नहीं नाहीं क्रिया, नहिं तप महँ यह शक्ति।
केवल तुम को ही मिला, दर्शन मेरी भक्ति ॥ 48ख॥

चौपाईः देखत मोर रूप विकराला। नाहिं उचित तुम होहु विहाला॥

चौपाईः नहिं कछु मूढ भाव मन धारहु। भय तज चित्त सुप्रीत विचारहु॥
देखहु तुम मम सोइ सरूपा। निज आयुध सह दर्श अनूपा॥ 49॥

सञ्जय कथनः

चौपाईः अस कह वासुदेव भगवाना। रूप चतुर्भुज निज प्रकटाना॥
पुनः धरेउ निज सौम्य शरीरा। बोले अर्जुन तब धर धीरा॥ 50॥

सुनहु जनार्दन अर्जुन कहेऊ। परम शान्त मानस बन लहेऊ॥
स्थिर चित्त भयेउ मैं आई। निज स्वाभाविक स्थिति पाई॥ 51॥

अर्जुन रूप चतुर्भुज धारी। तुमने जो प्रत्यक्ष निहारी॥
छवि अति दुर्लभ दर्शन ताकी। देव करहिं सब इच्छा वाकी॥ 52॥

अर्जुन! तुम जेहि विधि मोहि देखा। चार चतर्भुज दिव्य विशेषा॥
सो नहिं देखहिं वेदन ज्ञाना। नहिं तप ज्ञान यज्ञ सन जाना॥ 53॥

सुनहु परन्तप मम यह वाणी। देखन चहहिं चतुर्भुज प्राणी॥
तत्व सहित जानन चह मोही। करन प्रवेश चहहि यदि ओही॥
एकी भाव पाप्त अभिप्रेतू। भक्ति अनन्य करहि तेहि हेतू॥ 54॥

दोहा: केवल मम हित जो करे, निज कर्तव्य सुकर्म।
मोर परायण भक्त मम, तज आसक्ति न भर्म॥
अर्जुन! जा मन वैर नहिं, सकल भूत सम जान।
सो अनन्य अस भक्त मन, मो कहँ पाय सुजान॥ 55॥

॥ ॐ तत्सदिति श्रीमद्भगवद्गीता सूपनिषत्सु ब्रह्मविद्यायां योगशास्त्रे
श्रीकृष्णर्जुनसंवादे विश्वरूपदर्शनयोगो नाम एकादशोऽध्यायः॥ 11॥

****

हरिः ॐ तत्सत् हरिः ॐ तत्सत् हरिः ॐ तत्सत्

****

॥ ॐ श्रीपरमात्मनेनमः ॥

गीतागुञ्जन

श्रीमद्भगवद्गीता का संस्कृत से काव्यानुवाद

द्वादशोऽध्यायः

अर्जुन कथनः

दोहाः अर्जुन बूझेउ कहहु प्रभु, जो अनन्य तब भक्त।
करहिं निरन्तर भक्ति इमि, करेउ पूर्व जिमि व्यक्त ॥ 1क ॥
करहिं भजन अरु ध्यान इक, सगुन रूप जो ईश।
दूजे जो नित ही भजहिं निराकार जगदीश ॥ 1ख ॥
ब्रह्म सच्चिदानन्दघन, अज अविनाशी जान।
श्रेष्ठ भाव से जो भजें, निर्गुन रूप प्रमान ॥ 1ग ॥
इन महँ कहिये श्रेष्ठ को? सगुन रूप जो ध्यायँ।
अथवा प्रेमी भक्त वे, निर्गुण जिनहिं सुहायें। 1घ।

भगवान वचनः

चौपाई :

अर्जुन सुनहु कहहुँ मैं तोही। भजहिं ध्यान धर जो जन मोही ॥
करहिं चित्त एकाग्र निरन्तर। अतिशय श्रद्धा धर उर अन्तर ॥
सगुन रूप में ही परमेश्वर। मो कहँ जानहि नित्य सुरेश्वर ॥
योगी जो मोहि इहि विधि भजहीं। उत्तम योगी मानहुँ तिनहीं ॥ 2 ॥

किन्तु पुरुष जे भक्त हमारे। निज इन्द्रिय गण वश कर डारे ॥
भजहिं ईश मन बुद्धि अपारा। सदा एक रस निश्चल न्यारा ॥
अकथनीय जेहि रूप सुहाया। व्याप्त सकल जग नित्य समाया ॥

जो सच्चिदानन्दघन रूपा। अविनाशी सत् ब्रह्म निरूपा ॥
सकल भूत हित रत जे प्रानी। भाव समान सकल सम जानी ॥
अस योगी जो भक्त हमारे। पावहिं मोहि जानि अति प्यारे ॥ 3-4 ॥

भजहिं ब्रह्म जे निगुन अनूपा। नित सच्चिदान्दघन रूपा ॥
जिन महँ अस आसक्ति समाई। तिन कहँ अतिशय श्रम कठिनाई ॥
ते अभिमान देह कर धरहीं। ताते यह विनु दुख नहिं सरहीं ॥ 5 ॥

मोर परायण जो नर रहहीं। सकल कर्म निज अर्पण करहीं ॥
सगुणरूप परमेश्वर मोही। चिन्तन करत भजहिं नित सोही ॥ 6 ॥

अर्जुन मो महँ सो चित धरहीं। सगुन रूप महँ मोहि सुमिरहीं ॥
तिनहिं शीघ्र मैं कर उद्धारा। मृत्युरूप भव तारहुं पारा ॥ 7 ॥
अत: पार्थ! मोहि महिं मन लावहु। मो ही मैं निज बुद्धि समावहु ॥
तब तुम मो तहँ करहु निवासा। नहिं या महँ कछु संशय पाशा ॥ 8 ॥

दोहा: अर्जुन यदि नहिं कर सको, मनहिं अचल स्थाप।
तो अभ्यासी योग से, मो कहुँ पावहु आप ॥ 9 ॥

चौपाई : जो अभ्यास करन नहिं पाहू। तो मम हित सब कर्म निवाहू ॥
करत निमित्त कर्म इहि रूपा। होहि सिद्धि मो पाहु अनूपा ॥ 10 ॥

यदि मम प्राप्ति हेतु जो योगा। तेहि आश्रित नहिं तब तू जोगा ॥
तो कर विजय बुद्धि-मन अविचल। करहु त्याग सब कर्मन कर फल ॥ 11 ॥

मर्म जान अभ्यास करहिं जन । ता सन श्रेष्ठ ज्ञान कर अर्जन ॥
ज्ञानहु ते अति श्रेष्ठ बखाना । ब्रह्म स्वरूप ईश कर ध्याना ॥

चौपाई : श्रेष्ठ ध्यान से सब फल त्यागा । जो कछु करइ सो कर्म विभागा ॥
कहेउ त्याग कर श्रेष्ठ विचारा । पावहिं शान्ति लागि नहिं वारा ॥ 12 ॥

द्वेष रहित जो सब भूतन महँ । स्वार्थ रहित प्रेमी जन सब कहँ ॥
हेतु रहित जो दया निधाना । ममता अहंकार तज नाना ॥
सम समान दुख-सुख जो पावहिं । क्षमा शीलता गुण मन धारहिं ॥
योगी जो सन्तुष्ट निरन्तर । मन इन्द्रिय सब नित वस अन्तर ॥
दृढ निश्चय जो मो महँ धारय । मन बुद्धी मम अर्पण पारय ॥
जग अस पुरुष भक्त जो कोई । मो कहँ सो अतिशय प्रिय होई ॥ 13-14 ॥

कोऊ जीव जगत के माहीं । जेहिते कछु उद्वेग न पाहीं ॥
जो उद्वेग न पावहि काऊ । जीव जगत में शान्त सुभाऊ ॥
हर्ष अमर्ष न भय उद्वेगा । रहित सकल इहि जग आवेगा ॥
जो अस जीव जगत में कोई । भक्त मोर सो मम प्रिय होई ॥ 15 ॥

आकाङ्क्षा से रहित विरागीं । अन्तर बाहर शुद्ध विभागी ।
चतुर सु पक्षपात नहिं जाके । कोनहुँ भांति नहीं दुख ताके ॥
जो सब आरम्भन कर त्यागी । भक्त मोहि प्रिय सो बड भागी ॥ 16 ॥

जाके कबहुँ हर्ष मन नाहीं । द्वेष न जाके अन्तर माहीं ॥
नहिं कछु शोक कामना जागे । शुभ अरु अशुभ कर्म सब त्यागे ॥
जाके अस सब सदगुण होहीं । भक्ति युक्त अस नर प्रिय मोही ॥ 17 ॥

दोहा: मान और अपमान में, शत्रु- मित्र सम जोय।
शीत - ऊष्ण सुख-दुःख में, नहिं आसक्ती कोय ॥ 18 ॥

चौपाईः निन्दा-स्तुति जो सम जानहि। मननशील निज चित सम्भारहि ॥
निज शरीर के पालन काजै। यदा कदा सन्तुष्ट विराजै ॥
नहिं कछु ममता अरु आसक्ती। जेहि स्थानहिं वसहि विरक्ती ॥
स्थिर बुद्धि धीर मति होई। भक्तिमान अस नर प्रिय मोही ॥ 19 ॥

दोहा: पर श्रद्धायुत जो पुरुष, मोर परायण होय।
मैं जो कहेउ सो धर्म मय, अमृत जानहु सोय ॥
जो निष्काम प्रेम युत, सेवहिं धर हिय मोहि।
भक्त पुरुष अस भाव मय, सो अतिशय प्रिय मोहि ॥ 20 ॥

॥ ॐ तत्सदिति श्रीमद्भगवद्गीता सूपनिषत्सु ब्रह्मविद्यायां योगशास्त्रे
श्रीकृष्णर्जुनसंवादे भक्तियोगो नाम द्वाददशोऽध्यायः ॥ 12 ॥

****

हरिः ॐ तत्सत्　　हरिः ॐ तत्सत्　　हरिः ॐ तत्सत्

****

॥ ॐ श्रीपरमात्मनेनमः ॥

गीतागुञ्जन

श्रीमद्भगवद्गीता का संस्कृत से काव्यानुवाद

त्रयोदशोऽअध्यायः

श्रीभगवान वचनः

दोहा: अर्जुन सुनहु ! शरीर यह, क्षेत्र नाम से जान ।
इहि कहँ जानहिं विज्ञ जे, ते क्षेत्रज्ञ बखान ॥ 1क ॥
जो जानहिं इहि तत्व कहँ, तिन कर कथन सुजान ।
क्षेत्र और क्षेत्रज्ञ कर, इहि विधि करहु विधान ॥ 1ख ॥

चौपाई : क्षेत्र और क्षेत्रज्ञ बखाना । हे अर्जुन! सो मो कहँ जाना ॥
प्रकृति पुरुष जो सहित विकरा । क्षेत्र और क्षेत्रज्ञ पुकारा ॥
तत्व समेत ज्ञान जो जाना । मो मत ताकहँ जानहु ज्ञाना ॥ 2 ॥

क्षेत्र जो अरु जैसा अहही । जो विकार जेहि कारण रहही ॥
अरु क्षेत्रज्ञहु को ? कस? गावा । ताकर कहा प्रभाव बताया ॥
मैं संक्षेपहिं कहहुँ तोही । भ्रम तज ज्ञान प्रकट जिमि होही ॥ 3 ॥

ऋषिगण ताहि विविध विधि गावा । वेद मन्त्रहू ताहि जनावा ॥
तासु विभाग कीन्ह बहू भांती । जेहि विधि जानहिं सो निज पाँती ॥
ताहि सकल विधि निश्चित कीन्हे । ब्रह्मसूत्र पद तिन कहँ चीन्हे ॥ 4 ॥

महाभूत जे पाँच बताये। अहंकार बुद्धी समझाये॥
मूल प्रकृति इन्द्रिय दस जाना। मन इन्द्रिय के विषय जु नाना॥ 5॥
सुख-दुख इच्छा द्वेष विचारी। पिण्ड देह स्थूल विकारी॥
धृती चेतना आदिक जेते। सहित विकार क्षेत्र यह तेते॥
यह संक्षेपहिं कहहुँ बुझाई। नहिं विस्तार कहहुँ यह गाई॥ 6॥

दोहाः नहिं अभिमान न दम्भ कछु, नहिं हिंसा की वृत्ति॥
मन वाणी की सरलता, क्षमा भाव सम्पृक्ति॥ 7क॥
गुरु सेवा श्रद्धा सहित, तन मन राखे शुद्ध।
स्थिरता अन्तःकरण, मन इन्द्रिय अवरुद्ध॥ 7ख॥

चौपाईः नहिं आसक्ति कतहुँ भोगन महँ। अहङ्कार आदिक तज मन कहँ॥
जन्म मृत्यु रुज जरा विकारा। दुःख दोषादिक करहिं विचारा॥ 8॥

गृह दारा सुत सम्पति जोई। तिन महँ कछु आसक्ति न होई॥
जिनके मन ममता कछु नाहीं। प्रिय अरु अप्रिय चित्त सम जाहीं॥ 9॥

चौपाई : भक्ति अनन्य योग मो माहीं। अव्यभिचारणि प्रीती सदा ही॥
शुद्ध देश एकान्त निवासा। विषयासक्त नरन नहिं पासा॥ 10॥

नित स्थित अध्यात्म ज्ञान महँ। तत्वज्ञान के रूप अर्थ कहँ॥
देखहिं सदा ईश कहँ केवल। यहहि ज्ञान सो जानहु अविचल॥
जो कछु इहि विपरीत बतावा। सोइ सुनहु अज्ञान कहावा॥ 11॥

जो कछु जानन योग्य कहावा। परमानन्द पाव जिहिं पावा॥
सो सब कहहुँ भली विधि तोही। जेहि विधि ज्ञान प्रकट सब होही॥

परम ब्रह्म अनादि सो गावा । ताहि न सत् अरु असत् कहावा ॥ 12 ॥

चौपाई: सब दिशि तिहि कर पग अरु वाहू । मस्तक नेत्र कान मुख ताहू ॥
सबहि व्याप्त स्थित जग सोई । तेहिते रहित जगत नहिं कोई ॥ 13 ॥

सकल विषय इन्द्रिन कर जोई । सो सब बहु विधि जानहि सोई ॥
जदपि न ताकर इन्द्रिय कोई । ताहि न कछु ममता मति गोई ॥
पालहि पोषहि सब विधि नीके । भोगहि गुण सब निर्गुण हीके ॥ 14 ॥

दोहा: सकल चराचर भूत जे, भीतर बाहर सोइ ।
चर अरु अचर सरूप जे, ते सब तासन होइ ॥ 15क ॥
सो अति सूक्ष्म न जानिये, अति समीप अति दूर ।
लीला तासु विचित्र अति, सब महिं सो भर पूर ॥ 15ख ॥

चौपाई: जद्यपि सो अविभक्त सदाही । जिमि आकाश पूर्ण सब माहीं ॥
तदपि चराचर भूतन माहीं । भासहि जिमि अविभक्त सदाही ॥
परमात्मा सु जानन जोगू । विष्णु रूप पालहि सब लोगू ॥
रुद्र सु नाशहिं जगत पसारा । ब्रह्म रूप प्रकटावन हारा ॥ 16 ॥

परम ब्रह्म जोतिन कर जोती । माया जासु निकट नहिं होती ॥
जानन जोगु सु बोध सरूपा । तत्व ज्ञान ते पाय अनूपा ॥
सबके हृदय विराजहि सोई । तत्व ज्ञान सन पावहि कोई ॥ 17 ॥

इहि विधि कहेउ क्षेत्र अरु ज्ञाना । परमात्मा चाहिय जेहि जाना ॥
तेहि सरूप संक्षेप बताया । मैं यह उत्तम ज्ञान जनावा ॥
तत्व रूप इहि जानन हारा । पावहि भक्त सरूप हमारा ॥ 18 ॥

प्रकृती और पुरुष जो दोई। आदि अनादि सु जानहु सोई ।।
राग-रु-द्वेष विकारहु जेते। त्रिगुणात्मकी पदारथ तेते ।।
जेहि लगि जगत पदार्ध सुहाये। जान्हु तीनहिं प्रकृति के जाए ।। 19 ।।

चौपाईः कार्य-रु-करण आदि गुण जेते। जनेउ प्रकृति सब जानहु तेते ।।
दुख सुख इहि जग महँ जो भोगहिं। तासु हेतु जीवात्मा होवहि ।। 20 ।।

पुरुष प्रकृति मैं स्थिति होई। भोगहि सकल पदारध जोई ।।
त्रिगुणात्मक ते सकल पदारथ। सो सब प्रकृति जनित सुन पारथ ।।
इनहिं गुणन के संग बतावा। उच्च-हीन योनी नर पावा ।। 21 ।।

सत्सम्मत देवहि अनुमन्ता। पालहि सो भर्ता भगवन्ता ।।
भोगहि सो यह जीव कहाई। विधि कर स्वामि महेश जनाई ।।
सोइ सच्चिदानन्दघन पावन। तासों परमात्मा मन भावन ।। 22 ।।

इहि विधि गुणन सहित जो जानइ। प्रकृतिहिं सत्य रूप पहिचानहि ।।
से सब कर्म करत इहि लोका। नहिं जनमइ पुनि होय विशोका ।। 23 ।।

सूक्ष्म बुद्धि धर कछु जन योगा। देखहिं परमात्महिं तज भोगा ।।
ज्ञान योग कछु हृदय सम्भारहिं। कर्म योग सन कछुक निहारहिं ।। 24 ।।

जे नहिं इहि विधि जान अयाना। ते कर ध्यान सुनहिं धर काना ।।
तेउ तरहिं इहि विधि संसारा। जैसे ज्ञानीजन भव पारा ।। 25 ।।

जड जङ्गम उपजहिं जे प्राणी। यही जग जो सब सृष्टि समानी ।।
क्षेत्र और क्षेत्रज्ञ समागम। उपजहिं ते सब अन्य न जातम ।। 26 ।।

नष्ट होत सब भूतन माहीं । जानहि जो प्रभु विनसत नाहीं ॥
सोइ यथारथ देखत प्रानी । मो सम भाव सुस्थित जानी ॥ 27 ॥
पेखहिं जो ईशहिं इहि घांईं । सकल विश्व सम भाव समाई ॥
सो नहिं नष्ट करत निजताई । निश्चय सोइ परम गति पाई ॥ 28 ॥

दोहाः जो नर देखहिं काज सब, होत प्रकृति के हेतु ।
करत नहीं आत्मा कछू, सो देखत सत् सेतु ॥ 29 ॥

चौपाईः जेहि क्षण देखहिं जे सब भूता । सब महिं ईश्वर एक अछूता ॥
देखहि सब भूतन विस्तारा । सकल एक ईश्वर महँ धारा ॥
मुक्त होय तत्क्षण सो प्राणी । पावहि ब्रह्म ज्ञान मन जानी ॥ 30 ॥

चौपाईः अर्जुन सुनहु ईश अविनाशी । आदि अनादि सु निर्गुण राशी ॥
जद्यपि वह स्थित यह देहा । करहि न कछु निर्लिप्त अगेहा ॥ 31 ॥

जेहि विधि नभ व्यापहि सब ठाहीं । अतिहि सूक्ष्म व्यापत सो नाहीं ॥
तैसइ आत्मा यह जन बसई । निर्गुण सो न देह गुण गसई ॥ 32 ॥

जैसे एक सूर्य जग माहीं । करत प्रकाशित सकल दिशाहीं ॥
तैसेइ एक आत्मा द्वारा । सकल क्षेत्र महँ होत प्रसारा ॥ 33 ॥

दोहा: क्षेत्र अरु क्षेत्रज्ञ का, इहि विधि समझत मर्म ।
भेद प्रकृति का कार्य सह, जानत रहत न भर्म ॥ 34क ॥
ज्ञान नेत्र ते जानते, जो यह तत्व सुजान ।
परम ब्रह्म को पावहीं, पुरुष श्रेष्ठ विद्वान ॥ 34ख ॥

॥ ॐ तत्सदिति श्रीमद्भगवद्गीता सूपनिषत्सु ब्रह्मविद्यायां योगशास्त्रे
श्रीकृष्णर्जुनसंव दे क्षेत्रक्षेत्रज्ञविभागयोगो नाम त्रयोदशोऽध्यायः ॥ 13 ॥

****

हरिः ॐ तत्सत्   हरिः ॐ तत्सत्   हरिः ॐ तत्सत्

****

॥ ॐ श्रीपरमात्मनेनमः ॥

गीतागुञ्जन

श्रीमद्भगवद्गीता का संस्कृत से काव्यानुवाद

चतुर्दशोऽध्यायः

श्री भगवान वचनः

दोहाः कहहुँ पुनः वह ज्ञान में, उत्तम जग महँ श्रेष्ठ।
जानत जेहिं मुनि जन तरहिं, पावहिं निज परमेष्ठ ॥ 1 ॥

चौपाई : जिन पुरुषन जाना ये ज्ञाना। मम स्वरूप पाव मतिमना।
ते नहिं पाव जनम इहि लोका। प्रलय काल हू रहहिं विशोक ॥ 2 ॥

ब्रह्म रूप यह महत् विशाला। मूल प्रकृति जो जगत कराला ॥
सोइ योनि सब भूतन केरी। थापहुँ मैं चेतन महँ प्रेरी ॥
इहि विधि जड चेतन संयोगा। उपजहिं सकल भूत जग जोगा ॥ 3 ॥

सकल योनि इहि जग महुँ जेती। होवहिं प्रकृति रूप माँ तेती ॥
बीज करहिं स्थापित जोई। अर्जुन सुनहु पिता में सोई ॥ 4 ॥

सात्विक रजो तमो गुण तीनी। उपजहिं सकल प्रकृति कर लीनी ॥
ये तीनहुँ बाँधहिं तन गाँसी। जीवात्मा जो नित अविनाशी ॥ 5 ॥

तीनन गुणन सत्त्वगुण जोई। सो निर्मल प्रकाश मय होई ॥
रहित विकार होय सुख खानी। बाँधहि देह ज्ञान अभिमानी ॥ 6 ॥

राग स्वरूप रजो गुण गाया । सो आसक्ति कामना जाया ॥
कर्म और तेहि का फल जेता । बाँधहि सो जीवहिं इहि हेता ॥ 7 ॥

मोहहि सकल देह अभिमानिहिं । अर्जुन ! ताहि तमोगुण गावहिं ॥
मानहु सो अज्ञान जनावा । निद्रा अरु आलस्य जगावा ॥
सो बन घोर प्रमाद जगावा । बाँधहि सो जीवहिं इहि भावा ॥ 8 ॥

दोहा: सुख महँ प्रेरहि सत्त्वगुण, रजगुण कर्म कराहि ।
करहि प्रमद ढँक ज्ञान कहँ, तम गुण नरहिं नसाहि ॥ 9 ॥

चौपाईः वृद्धि सतोगुण यह विधि पाई । रजो तमो गुण दोष दबाई ॥
सतगुण और तमोगुण चाँपी । बढई रजोगुण अस परतापी ॥
सतगुण और रजोगुण ढाँकी । बढ़हि तमोगुण निज परिपाकी ॥ 10 ॥

चौपाई : जब विवेक अरु चेतनताई । इन्द्रिय अन्तःकरण जगाई ॥
तब या महँ कछु संशय नाहीं । बढहि सत्त्वगुण इहि तन माहीं ॥ 11 ॥

बढहि रजोगुण तन जेहि काला । लोभ प्रवृत्ती होय विशाला ॥
कर्म सकाम भोग मन माहीं । भ्रमित होय मन शान्ति नसाई ॥ 12 ॥

जबहि तमोगुण बढहि शरीरा । इन्द्रिय मन सब होयँ अधीरा ॥
नहिं प्रवृत्ति कछु कर्मन केरी । व्यर्थ चेष्टा आलस घेरी ॥
निद्रादिक प्रमाद मन प्रेरहिं । लोभ मोह क्रोधादिक घेरहिं ॥ 13 ॥

वृद्धि सतो गुण की जब होई । मुत्यु होय तब जीवन खोई ॥
अस नर पावहिं उत्तम लोका । स्वर्गादिक नहिं किंचित शोका ॥

निर्मल दिव्य लोक ते पावहिं। उत्तम कर्म करत जेहिं जावहिं ॥ 14 ॥

चौपाई : मृत्यु काल जब बढइ सतोगुण। होय प्राप्त तब पुनि मानव तन ॥
जनमइ जहाँ कर्म की भीरा। थकित होय कर कर्म शरीरा ॥
पाव तमोगुण में जो नाशा। ताकर जनम न मनुज सुपाशा ॥
मूढ योनि पशु कीट पतंगा। भ्रमहिं विविध योनिन जिमि भ्रंगा ॥15 ॥

श्रेष्ठ कर्म कर फल अति उज्वल। सात्त्विक सुख वैराग्यहु निर्मल ॥
राजस कर्म देहिं दुःख भारी। तामस पुनि अज्ञान विचारी ॥ 16 ॥

सतगुण देइ ज्ञान कर दाना। रजगुण लालच लोभ बखाना ॥
तामस गुण देवइ अज्ञाना। मोह प्रमाद आदि दुःख नाना ॥ 17 ॥

दोहा: सतगुण में जो राजते, पावहिं उच्च सुलोक।
रज गुण मध्यम में रहें, मानव लोक सशोक ॥ 18क ॥
तामस पुरुषन की गती, अधो लोक कहँ जायँ।
पक्षी कीट पतंग पशु, जनम जनम लगि पायँ ॥ 18ख ॥

चौपाई : दृष्टा जब पेखहि गुण तीनी। अन्य कोउ कर्ता नहिं चीन्ही ॥
मोहि सच्चिदानन्द विचारी। जानहिं मोहि तत्व मन धारी ॥
अन्त समय सो पावहि मोही। मम स्वरूप महँ अविचल होही ॥ 19 ॥

तीनहु गुणन उल्लघन करई। पुरुष जनम कर कारण अहई ॥
जन्म मृत्यु जर शोक विसारी। पावहिं परमानन्द सुखारी ॥ 20 ॥

अर्जुन कथनः

चौपाईः केशव कहहु मोहिं समुझाई। तीनहुँ गुणन पार जो जाई॥
तिन के लक्षण कहहु बुझाई। कहा आचरण ताहि सुहाई॥
केहि विधि होवहि गुणन अतीता। मो सन कहु सकल सह प्रीता॥ 21॥

श्री भगवान वचनः

चौपाईः सद्गुण रूप प्रकाशहिं पाई। रजगुण जनित प्रवृत्ति नशाई॥
मोह तमोगुण जनित अभावा। तीनहु गुण निज रूप दिखावा॥
नहिं कुछ दोष प्रवृत्तिन पाई। नहिं चाहत जब जे निवसाई॥ 22॥

गुण जेहिं नहिं कुछ विचलित करहीं। तिनहिं साक्षीवत् अनुसरहीं॥
बरतहिं गुण सबही गुण माहीं। सो नित ब्रह्मानन्द समाहीं॥
पुरुष एक रस रहहि सदाहीं। होहिं न विचिलित इन गुण माहीं॥ 23॥

एकहि सुख-दुःख सदा लखाहीं। आत्म भाववश रहहि सदा हीं॥
मिट्टी पत्थर स्वर्ण समाना। नहिं ता महँ कछु अन्तर जाना॥
निन्दा स्तुति नहिं कछु रोषू। प्रिय अरु अप्रिय नहीं कछु दोषू॥ 24॥

जाहि मान अपमान समाना। शत्रु-मित्र कछु भेद न जाना॥
जाहि सकल आरम्भन माहीं। मन कर्तापन भाव न आहीं॥
जाके मन अस रीति सुहाई। गुणातीत सो पुरुष कहाई॥ 25॥

मो महँ एक निष्ठ धर भक्ती। मोर भजन नित करहि सुयुक्ति॥
ते लाँघइ तिहुँ गुण की राशी। पावहिं ब्रह्म पदहिं अविनाशी॥ 26॥

दोहाः परम ब्रह्म अमृत तथा, नित्य धर्म अविच्छन्द।
मै ही आश्रय सकल कर, ईश्वर परमानन्द ॥ 27 ॥

॥ ॐ तत्सदिति श्रीमद्भगवद्गीता सूपनिषत्सु ब्रह्मविद्यायां योगशास्त्रे
श्रीकृष्णर्जुनसंवादे गुणयत्रविभागयोगो नाम चतुर्ददशोऽध्यायः ॥ 14 ॥

****

हरिः ॐ तत्सत् हरिः ॐ तत्सत् हरिः ॐ तत्सत्

****

॥ ॐ श्रीपरमात्मनेनमः ॥

गीतागुञ्जन

श्रीमद्भगवद्गीता का संस्कृत से काव्यानुवाद

पञ्चदशोऽध्यायः

श्रीभगवान वचनः

दोहा: ईश्वर जाके मूल हैं, शास्वत सो भव वृक्ष।
विधि जाकर शाखा प्रमुख, पत्ता वेद प्रत्यक्ष ॥ 1क ॥
इहि विध जो जानहि जगत, मूल सहित यह तत्व।
सोई जानन हार है, वेद स्वरूप महत्व ॥ 1ख ॥

चौपाई : अर्जुन जो भत्र वृक्ष दिखावा। तीन गुणन जल वृद्धी पावा ॥
विषय भोग कोपल इहि केरी। देव दनुज तिर्यक जन केरी ॥
ते शाखा चहुँ दिशि विस्तारी। नीचे ऊपर जगत प्रसारी ॥
मनुज लोक कर्मन अनुसारी। ममता मोह सुबंधन कारी ॥
जड़ें वासना रूपी जेतीं। सकल लोक महँ व्यापहिं तेती ॥ 2 ॥

यह भव वृक्ष कहेउ जग जैसा। सो नहिं होय विचारत वैसा ॥
नहिं कछु आदि अंत इहि केरा। नहिं जानत केहिं भाँति वसेरा ॥
गह वैराग्य शस्त्र दृढ इक्षा। माया मूल काट भव वृक्षा ॥ 3 ॥

तव पुनि खोज परम पद ईशहिं। जामहिं जाय न जग पुनि दीसहि ॥
जेहि विरचेउ यह वृत्ति पुरानी। भयउ अमित विस्तार वितानी ॥
आदि पुरुष नारायन जानी। ताकर शरण गहउ दृढ आनी ॥ 4 ॥

जिनकर मानरू-मोह नासावा । जिन असक्ति दोष जय पावा ॥
जे स्थित परमात्म स्वरूपा । सकल कामना कोष विरूपा ॥
दुःख-सुख द्वन्द न जिनहिं सतावा । अविनाशी पद ते जन पावा ॥ 5 ॥

पाय परम पद जेहिं नर कोई । पुनि भव लोक न आवहि सोई ॥
जेहिं नहिं करइ सूर्य उजियारा । चन्द्र अग्नि कर नाहिं प्रसारा ॥
स्वयं प्रकाश लोक अस जोई । मेरो परम धाम सुनु सोई ॥ 6 ॥

दोहा: वसहि सनातन जीव महँ, सो आत्मा मम अंश ।
कर्षहि सो मन इन्द्रियन, प्रकृति स्थित विध्वंश ॥ 7 ॥

चौपाईः जेहि विधि गन्ध पवन गहि लेई । वैसे ही छाँडहि जब देही ॥
ग्रहण करत मन इन्द्रिय तैसे । जीवात्मा हू धारहि वैसे ॥
पुनि शरीर पावहि जो जीवा । सो सब व्यापहि ताहि अतीवा ॥ 8 ॥

चौपाई : श्रोत्र चक्षु रसना अरु घ्राणा । त्वचा और मन कर आधाना ॥
भोगहि सकल भोग विधि नाना । जीवात्मा जेहि जीव समाना ॥ 9 ॥

त्यागत तन वा स्थित होई । भोगत होय विषय जो कोई ॥
तीनन गुनन सहित जिन जोई । नहिं जानइ अज्ञानी सोई ॥
ज्ञान रूप जे चक्षू धारी । जिनके मनहिं विवेक विचारी ॥
तेइ जानहिं इहि तत्व समेता । नाहिन मूढ धरहिं कछु हेता ॥ 10 ॥

योगी वृन्द जतन जे करहीं ॥ ते निज हृदय ज्ञान अस धरहीं ॥
आत्महिं तत्व सहित ते जानहिं । शुद्ध हृदय जिनके पहिचानहिं ॥
अन्तःकरण न जिनके शुद्धा । तिनके हृदय ज्ञान अवरुद्धा ॥
यद्यपि करहिं यत्न विधि नाना । किन्तु न सकहिं आत्महिं जाना ॥ 11 ॥

दोहा: रवि में स्थित तेज जो, करहि प्रकाशित विश्व ।
तेज चन्द्र अरु अग्नि महँ, सबहिं मोर वर्चस्व ॥ 12 ॥

चौपाई : मैं ही करत प्रवेश धरा में । धारहुँ भूत शक्ति निज तामें ॥
मैं रस रूप चन्द्र महँ बसहूँ । पुष्ट सकल औषधि गण करहूँ ॥ 13 ॥

सब प्राणिन के तन में रहहूँ । प्राण अपान रूप में अहहूँ ॥
हुइ वैश्वानर अग्नि स्वरूपा । पॅचहुँ अन्न चारिहूं अनूपा ॥ 14 ॥

सब प्राणिन के हृदय विराजहुँ । अन्तर्यामी रूप बखानहुँ ॥
स्मृति ज्ञान अपोहन मैं हीं । जानन योग्य वेद सो मैं ही ॥
सकल वेद कर कर्ता मैं ही । जानहिं वेद सो जानहु मैं ही ॥ 15 ॥

इहि जग दुइ प्रकार के प्राणी । नाशवान अविनाशी जानी ॥
दुइ प्रकार पुरुषहु यह जानहु । इन कर भेद कहहुँ पहिचानहु ॥
सकल भूत प्राणिन के देहा । नाशवान जानहु तुम एहा ॥
जीवात्मा जो इनमें बसई । सो सदैव अविनाशी अहही ॥ 16 ॥

उत्तम पुरुष अन्य इन माहीं । तीनहु लोक प्रवेश कराहीं ॥
सब का धारण-पोषण कर्ता । सकल भूत गण कर सो भर्ता ॥
परमेश्वर परमात्मा जानी । अविनाशी तेहिं जानहिं ज्ञानी ॥ 17 ॥

नाशवान जडवर्ग क्षेत्र सन। मैं सर्वथा अतीत धरहु मन ॥
अविनाशी जीवात्मा जोई। अति उत्तम तासन में सोई ॥
इहि विधि पुरुषोत्तम मोहि जानहिं। लोकहु वेद प्रसिद्धि बखानहिं ॥ 18 ॥

चौपाई: इहि विधि जान भजहिं जो मोही। भारत ! सो जन ज्ञानी होई ॥
मो कहँ पुरुषोत्तम जो जानहिं। सो सर्वज्ञ मोहि पहिचानहिं ॥
सो सब भाँति भजहिं मोहि ज्ञानी। वासुदेव परमेश्वर जानी ॥ 19 ॥

दोहा: पाप रहित अर्जुन ! सुनहु, गोपनीय यह ज्ञान।
अति रहस्यमय जानहू, जानत होत सुजान ॥ 20क ॥
तत्व सहित जो जान कर, होवहि ज्ञान प्रकाश।
जीवन हो कृत कृत्य शुचि, तासु, करहु विश्वास ॥ 20ख ॥

॥ ॐ तत्सदिति श्रीमद्भगवद्गीता सूपनिषत्सु ब्रह्मविद्यायां योगशास्त्रे श्रीकृष्णर्जुनसंवादे पुरुषोत्तम योगो नाम पञ्चदशोऽध्यायः ॥ 15 ॥

****

हरिः ॐ तत्सत्   हरिः ॐ तत्सत्   हरिः ॐ तत्सत्

****

॥ ॐ श्रीपरमात्मनेनमः ॥

गीतागुञ्जन

श्रीमद्भगवद्गीता का संस्कृत से काव्यानुवाद

षोडशोऽध्यायः

भगवान वचनः

दोहा: अर्जुन सुनहु ! कहुँ मैं, सब लक्षण समझाय ।
जे देवी अरु आसुरी, सम्पद पुरुष सुहाय ॥

अभय चित्त की शुद्धता, ज्ञान योग दृढ प्रीत ।
दान इन्द्रिय कर दमन, करे यज्ञ सुपुनीत ॥ 1क ॥
वेदशास्त्रन कर पठन, अरु प्रभु कर गुन गान ।
कष्ट सहे निज धर्म हित, सो निज करतव जान ॥ 1ख ॥
मन इन्द्रिय जाके सरल, नहिं मन कछु अभिमान ।
दैवी सम्पद युक्त सो, जानहु मनुज सुजान ॥ 1ग ॥

चौपाईः नहिं हिंसा जाके आचरना । सदा सत्य भाषण ही करना ॥
अपराधिहु पर क्रोध न होई । कर्तापन अभिमान न सोई ॥
जाकर चित्त न चंचलताई । परनिन्दा नहिं जाय सुहाई ॥
चर अरु अचर भूत जग जेते । सब महँ दया भाव हिय तेते ॥
नहिं आसक्ति हृदय कछु राखे । इन्द्रिय जनित विषय रस चाखे ॥
अति कोमल स्वभाव जेहि साजा । शास्त्र विरुद्ध आचरन लाजा ॥
व्यर्थ चेष्टा कबहुँ न करही । अति गम्भीर भाव चित धरही ॥ 2 ॥

चौपाईः तेज क्षमा अरु धैर्य विराजा । शुचि व्यौहार जासु सब काजा ॥
नहिं कछु शत्रु भाव मन धारै । निज महँ नहिं पूज्यता विचारै ॥
अर्जुन सुनहु कहेउ गुन जेते । देवी सम्पद् नर महँ तेते ॥ 3 ॥

दम्भ घमण्ड और अभिमाना । क्रोध कठोरपना अज्ञाना ॥
पारथ ! ये लक्षण हों जिनमें । ते आसुरी सम्पदा जन में ॥ 4 ॥

दोहा: दैवी सम्पति मोक्ष प्रद, आसुरि बाँधत जीव ।
अर्जुन करहु न शोक कछु, सदगुण तुमहिं अतीव ॥ 5 ॥

चौपाईः अर्जुन! जग मानव गण जेते । जानहु दुइ प्रकार सब तेते ॥
प्रथम जे दैवी सम्पद् धारी । आसुरि सम्पदि द्वितिय विचारी ॥
दैवी प्रकृतीजन गुण गणना । सो विस्तार सहित मैं वरणा ॥
अब आसुरी प्रकृति गुण जेता । कहहुँ तुमहिं विस्तार समेता ॥ 6 ॥

जे आसुरी स्वभाव निधाना । कहा प्रवृत्ति ? निवृत्ति न जाना ॥
शुद्धि न भीतर बहार केरि । करहिं न शुचि आचरन निवेरी ॥
सत्य वचन नहिं बोलत अहहीं । अनृत वचन रसना महँ बसहीं ॥ 7 ॥

जे आसुरी प्रकृति नर अहहीं । आश्रय रहित जगत यह कहहीं ॥
कहहिं ते यह असत्य जग होई । ईश्वर कर इहि काज न कोई ॥
उपजेउ नर नारी संयोगा । कारण मुख्य काम कर भोगा ॥
इहि कर हेतु अन्य कछु नाहीं । अस विचार उनके मन माहीं ॥ 8 ॥

चौपाईः इहि विधि मिथ्या ज्ञान अधारी। नष्ट स्वभावी नर कुविचारी॥
मन्द बुद्धि सब कर अपकारी। मनुज क्रूर कर्मी ते भारी॥
ते केवल समर्थ चित चेतू। जगत विनाश करन के हेतू॥ 9॥

दम्भी मानी अस नर जोई। होइ मदमत्त फिरहिं जग सोई॥
आश्रय लेंय कामना ऐसी। केहि विधि सो पूरहि नहिं जैसी॥
तब ही धर अज्ञान सटेका। गह मिथ्या सिद्धान्त अनेका॥
भ्रष्ट आचरण ते नर धरहीं। भ्रमित होय संसार विचरहीं॥ 10॥

दोहा: अनगित चिन्ता ते करहिं, जब लगि जीवन जीयँ।
विषय भोग रत नित रहहिं, यही सकल करनीय॥ 11क॥
सुख मानहिं केवल इनहिं, जानहिं नहिं कुछ और।
राखहिं मन यह भावना, केवल और न ठौर॥ 11ख॥

चौपाईः शत-शत आशा फाँसिन बन्धे। काम क्रोध रत ते नर अन्धे॥
कर अनीति संग्रहिं धन-धाना। विषय भोग सामग्री नाना॥ 12॥

करहिं विचार आज यह पावा। और मनोरथ जो मन भावा॥
यह सम्पति अब मोरे पासा। औरहु पूर्ण करहूँ अभिलाषा॥ 13॥

मारेउ तिन जे शत्रु हमारे। औरहु रिपुहुँ हनहुँ जो सारे॥
मैं ईश्वर भोगहुँ सुख नाना। सुखी सिद्धियुत मैं बलवाना॥ 14॥

मैं धनवान विषद परिवारा। को अस मो सन पावहि पारा॥
विविध यज्ञ कर देवहुँ दाना। नित आमोद-प्रमोद प्रमाना॥
इहि विधि सो मोहित अज्ञाना। तिनके भ्रमित चित्त विधिनाना॥

मोह जाल से आवृत जोई। विषय भोग आसक्तहु सोई॥ 15-16॥

दोहा: अति अभिलाषी होय नर, मानहिं निज कहँ श्रेष्ठ।
जिनके मद अरु मान अति, सो कुविचारी नेष्ठ॥ 17क॥

चौपाईः करहिं यज्ञ पाखण्ड सन, जगत प्रशंशा हेतु। त
तजहिं वेद विधि आदि सब, सो अधर्म कर हेतु॥ 17ख॥

अहंकार वल दर्प कामना। पर निन्दा क्रोधादि भावना॥
ते निज अरु पर हिये समाना। अन्तर्यामी मोहि न जाना॥
मो सन द्वेष करहिं अज्ञानी। ते अति दीन आसुरी प्रानी॥ 18॥

ते द्वेषी अति पापाचारी। अधम क्रूर कर्मा अपकारी॥
बारम्बार जगत महँ पारहुँ। आसुरि योनिन में में डारहुँ॥ 19॥

अर्जुन सुनहु मूढ असु जेते। मो कहँ नहिं सो पावहिं तेते॥
ते आसुरी योनि कहँ पावहिं। जन्म जन्म यह भाँति नसावहिं।
पुनि ते अन्य नीच गति धावहिं। घोर नरक में ते तब जाबहिं॥ 20॥

दोहा: काम क्रोध अरु लोभ ये, तीन नरक के द्वार।
नाशहिं ते यह आतमा, देहिं अधोगति डार॥ 21 क॥
अर्जुन! इनहिं न साधिये, ये त्यागहि तत्काल।
निज आत्मा की सुगति हित, ले आचरन संभाल॥ 21ख॥

चौपाईः जो नर मुक्त होय त्रय द्वारे। सो तब निज आचरन संभारे॥

तब कल्याण होय यह भाँती। मो कहँ पाय परम गति पाँती ॥ 22 ॥

जे नर तजहिं शास्त्र कर ज्ञाना। करहिं आचरण ते मन माना ॥
तिनहिं न सिद्धि परम गति नाहीं। सुखहु न ते इहि विधि ते पाहीं ॥ 23 ॥

दोहाः अकर्तव्य कर्तव्य महँ, जानहु शास्त्र प्रमाम।
करहु सदा सब कर्म अस, जेहि विधि शास्त्र बखान ॥ 24 ॥

॥ ॐ तत्सदिति श्रीमद्भगवद्गीता सूपनिषत्सु ब्रह्मविद्यायां योगशास्त्रे श्रीकृष्णर्जुनसंवादे दैवासुरसम्पदविभागयोगो नाम षोडशोऽध्यायः ॥ 16 ॥

****

हरिः ॐ तत्सत् हरिः ॐ तत्सत् हरिः ॐ तत्सत्

****

॥ ॐ श्रीपरमात्मनेनमः ॥

गीतागुञ्जन

श्रीमद्भगवद्गीता का संस्कृत से काव्यानुवाद

सप्तदशोऽध्यायः

अर्जुन कथनः

दोहा: सुनहु कृष्ण अर्जुन कहेउ, तजहिं शास्त्र विधि जोय ।
पूजहिं श्रद्धा सहित, जे देवादिक सुर सोय ॥ 1क ॥
तिनकी स्थिति होत का, कहहु मोहि समुझाय ।
सात्विक हो वा राजसी, या तामसी कहाय ॥ 1ख ॥

श्रीभगवान वचनः

चौपाई : अर्जुन सुनहु ! बतावहुँ तोही । शास्त्र रहित श्रद्धा जो होई ॥
उपजइ नर स्वभाव सन जोई । सात्विक राजस तामस सोई ॥ 2 ॥

भारत सुनु ! श्रद्धा जस होई । अन्तःकरण सरिस लख सोई ॥
जेहि नर कर जस श्रद्धा होई । सो स्वयं ही तेसइ जोई ॥ 3 ॥

सात्विक पुरुष देवतन पूजहिं । राजस यक्ष राक्षसन बूझहिं ॥
अन्य तामसिक नर जे जानो । प्रेत भूत गण पूजत मानो ॥ 4 ॥

तपहिं घोर तप शास्त्र विहीना । दम्भी अहंकार महँ लीना ॥
मन आसक्ति कामना भारी । अभिमानी नर जे वल धारी ॥ 5 ॥

चौपाईः पीडहिं सकल भूत समुदायी। जे स्थित शरीर महँ गाई ॥
अन्तःकरण बसहुँ मैं जहहीं। पुरुष करहिं कृश सो जन हमहीं ॥
अस आचरण करहिं अज्ञानी। असुर स्वभाव जान ते प्राणी ॥ 6 ॥

भोजन जो नर कर प्रिय सोंही। सो निज निज प्रकृती सम होही ॥
तैसइ यज्ञ दान तप जानहु। तीन तीन विधि इनकी मानहु ॥
मैं सब कहहु सहित विस्तारा। राखहु सो सब हृदय विचारा ॥ 7 ॥

दोहा: आयु बुद्धि आरोग्य बल, सुख अरु प्रीति बढाय।
सरस स्निग्ध स्थिर रहइ, अस भोजन जो खाय ॥ 8क ॥
निज स्वभाव मन को रुचें, ऐसे भोज्य पदार्थ।
सात्विक जन को प्रिय लगें, यह जानहु हे पार्थ ॥ 8ख ॥

चौपाईः कडुए खट्टे लोनउ डारे। बहुत गरम तीखे गुण धारे ॥
रूखे अरु रसना जो जारें। दुख चिन्ता अरु रोग पचारें ॥
इहि प्रकार के भोजन जेते। राजस पुरुषन को प्रिय तेते। 9 ॥

चौपाईः आधा पका रस रहित जोई। बुरी गन्ध बासी जो होई ॥
अपवित्र उच्छिष्ट समाना। अस भोजन तामस प्रिय माना ॥ 10 ॥

नियतशास्त्र विधि से जो कीन्हा। निज कतर्व्य यज्ञ कर चीन्हा ॥
यहि विधि समाधान मन केरा। करहीं यज्ञ फलहिं नहिं हेरा ॥
ऐसे यज्ञ यजन जो करहीं। ताहि सात्विक बुध जन कहहीं ॥ 11 ॥

केवल दम्भ आचरण हेतू। अथवा राखहिं फल चित चेतू ॥
यहि विधि यज्ञ करहि जो कोई। अर्जुन! राजस जानहु सोई ॥ 12 ॥

चौपाईः नहिं कछु शास्त्र विधी जेहि माहीं। अन्नदान अरु मन्त्रहु नाहीं ॥
नहिं दक्षिणा न श्रद्धा कोई। तामस यज्ञ कहावहि सोई ॥ 13 ॥

पूजहिं ब्राह्मण गुरु अरु ज्ञानी। रहहिं पवित्र सरलता आनी ॥
ब्रह्मचर्य नहिं हिंसक प्राणी। तप शरीर सम्बन्धी जानी ॥ 14 ॥

अनउद्वेग करन जो वाणी। प्रिय हित कारक और प्रमाणी ॥
वेदशास्त्र कर पाठ सुहावा। नाम जाप जेहि रसना भावा ॥
अर्जुन सुनहु ! कहहुँ मैं तोही। जानहु वाणी कर तप सोही ॥ 15 ॥

प्रसन्नता मन की जो छाही। शान्त भाव जो रहहि सदा ही।
भगवद्चिन्तन में मन लावा। अन्तःकरण बसहिं शुभ भावा ॥
मन निग्रह आचरण सुहाये। ते मन के तप गये बताये ॥ 16 ॥

जे योगी अस तपकर ध्यावहिं। ताकर फल कछु मनहिं न ल्यावहिं ॥
श्राद्धयुत तीनहु तप जोई। सात्विक तप ये जान्हु सोई ॥ 17 ॥

मन सत्कार मान कछु जाके। पूजा स्वार्थ अन्य हित ताके।
निज स्वभाव वा दम्भ जनावा। अस तप कर फल क्षणिक बतावा ॥
जाकर फल नहिं निश्चत होई। राजस तप अस जानहु सोई ॥ 18 ॥

सोरठा: मन, वाणी, तन, कष्ट, हठ पूर्वक अरु मूढता।
जो पर करहि अनिष्ठ, ता तप कहं तामस कहा ॥ 19 ॥

चौपाईः दान देन कर्तव्य बताया। देत दान राखहि यह भावा ॥
देश काल अरु पात्रहिं पाई। जा सन कछु उपकार न ल्याई ॥

यहि विध दान देत जो कोई। सात्विक दान कहावहि सोई ॥ 20 ॥

चौपाई: क्लेश सहित देवइ जो दाना। प्रत्युपकर धराहि मन ध्याना ॥
अथवा जाकर फल मन लाई। सो अस राजस दान कहाई ॥ 21 ॥

विनु सत्कार तिरस्कृत करही। अनुचित देश काल अनुसरही ॥
जो कुपात्र कहँ देवइ दाना। सो अस तामस दान बखाना ॥ 22 ॥

दोहा: ब्रह्म सच्चिदानन्दघन, ॐ तत्सत् तेहि जान।
तीन भाँति के ब्रह्म ये, अर्जुन सो पहिचान ॥ 23क ॥
आदि काल में सृष्टि के, ये उपजावन हार।
वेद ब्राह्मण यज्ञ के, ये ही रचनाकार ॥ 23ख ॥

चौपाईः वेद मन्त्र उच्चारण करहीं। श्रेष्ठ पुरुष यह विधि अनुसरहीं ॥
शास्त्र विहित तप यज्ञरु दाना। करहिं क्रिया आरम्भ सुजाना ॥
प्रभु कर नाम पृथम उच्चारहिं। परमात्मा कह ॐ पुकारहिं ॥ 24 ॥

जो तत् सो सब ईश्वर अहही। इहि विचार नहीं फल अनुसरहीं ॥
सकल क्रिया जप तप अरु दाना। निज कल्याण हेतु कर नाना ॥ 25 ॥

सत् जो नाम ईश कर जानी। सत्य भाव में सो पहिचानी ॥
श्रेष्ठ भाव में करहिं प्रयोगा। उत्तम कर्महु तासु सुयोगा ॥ 26 ॥

यज्ञ दान तप स्थित जोई। कहहिं पार्थ सो सब सत् होई ॥
परमात्मा हित कर्म जु करहीं। सो सब सत् होवहि अस कहहीं ॥ 27 ॥

दोहाः विनु श्रद्धा के हवन तप, दान और शुभ कर्म।
होय असत् इहि विधि कहहिं, जानहु अर्जुन मर्म ॥ 28क ॥
इहि विधि जो कछु कर्म है, तिन कर फल कछु नाहिं।
नहीं लाभ इहि लोक कछु, नहिं परलोक सहाय ॥ 28ख ॥

॥ ॐ तत्सदिति श्रीमद्भगवद्गीता सूपनिषत्सु ब्रह्मविद्यायां योगशास्त्रे श्रीकृष्णर्जुनसंवादे श्रद्धात्रयविभागयोगो नाम सप्तदशोऽध्यायः ॥ 17 ॥

****

हरिः ॐ तत्सत् हरिः ॐ तत्सत् हरिः ॐ तत्सत्

****

॥ ॐ श्रीपरमात्मनेनमः ॥

गीतागुञ्जन

श्रीमद्भगवद्गीता का संस्कृत से काव्यानुवाद

अष्टादशोऽध्यायः

अर्जुन कथनः

दोहा: महावाहु ! वसुदेव ! प्रभु, अन्तर्यामी कृष्ण।
जानन चाहत तत्व कछु, कहहु मोर यह प्रश्न ॥ 1क ॥
कहा तत्व सन्यास का, कौन तत्व है त्याग ॥
मोहि बतावहु कर कृपा, तिनके प्रथक विभाग ॥ 1ख ॥

चोपाईः कृष्ण कहेउ अर्जुन यह सुनहू। अन्य भाँति नहिं मन कछु गुनहू ॥
पण्डित जन विचार अस कहहीं। काम्य कर्म जग में जे अहहीं ॥
तिन कर फल कर त्याग बतावा। सोई सुनु सन्यास कहावा ॥ 2 ॥

कछु विद्वान कहहिं अस नीती। दोषयुक्त सब कर्म प्रतीती ॥
सो सब जानहु त्यागन योगा। भोगन परहिं कर्म कर भोगा ॥
अन्य कछुक मानहिं यह बाता। सकल कर्म नहिं दोष प्रदाता ॥
यज्ञ दान तप आदिक कर्मा। त्यागन योग नहीं ये धर्मा ॥ 3 ॥

सुन अर्जुन मम वचन सम्हारी। जो सन्यासरु त्याग विचारी ॥
प्रथम त्याग पर करहुँ विचारा। त्याग कहहिं सो तीन प्रकारा ॥
सात्विक राजस तामस जानहुँ। मैं अब तिनके भेद वखानहुँ ॥ 4 ॥

चौपाईः यज्ञ दान तप रूप सुकर्मा। त्यागन योग नहीं ये धर्मा ॥
इनहिं परम कर्तव्य बतावा। बुधिजन इनते शुचिता पावा ॥ 5 ॥

इहि प्रकार तप यज्ञ सुदाना। अरु कर्तव्य कर्म जे नाना ॥
करहिं अवश्य तिनहिं शुभ लागी। सब आसक्ति और फल त्यागी ॥
अर्जुन यह निश्चित मत मेरा। अति उत्तम बहु विधि मन हेरा ॥ 6 ॥

दोहा: उचित नहीं है त्यागना, उचित कार्य व्यौहार।
मोह हेतु जो त्यागहीं, तामस त्याग विचार ॥ 7 ॥

चौपाईः जो कछु कर्म सो सब दुःख देहीं। काय क्लेश भय तजहिं सो तेहीं ॥
इहि कर राजस त्याग बतावा। ता सहिं सो कछु फल नहिं पावा ॥ 8 ॥

कर्म शास्त्र विधि जो निरधारा। करहि सो सब कर्तव्य विचारा ॥
नहिं आसक्ति न फल कछु भावा। सात्विक सो अस त्याग बतावा ॥ 9 ॥

चौपाई : अकुशल कर्म द्वेष नहि जाके। कुशल कर्म आसक्ति न ताके ॥
शुद्ध सत्त्व गुण सहित विरागी। संशय रहित बुद्धियुत त्यागी ॥ 10 ॥

जे मनुष्य तन धारी यह भव। त्यागहिं सकल कर्म नहिं सम्भव ॥
करहिं कर्म फल कर जो त्यागी। त्यागी सत्य कहहिं तेहि लागी ॥ 11 ॥

दोहा: जे नर त्याग न कर्म फल, तेहि कर फल त्रय लाग।
शुभ, मिश्रित अरु अशुभ सो, पावहिं ते तन त्याग ॥ 12क ॥
किन्तु कर्म फल त्याग जो, तिनहिं न बाधा कोय।
होत न तिन कहँ कर्म फल, काल कौन हू होय ॥ 12ख ॥

चौपाईः सुनहु महावाहो चित चेता। सकल कर्म फल सिद्धिन हेता ॥
पाँच उपाय साङ्ख्य महँ गाये। करहिं कर्म फल अन्त बताये ॥ 13 ॥

कर्म सिद्धि हित प्रथम उपाऊ। जानहु अधिष्ठान तेहि नाऊँ ॥
कर्ता पुनि तुम कर्णहु जानो। विविध चेष्टा हू पहिचानो ॥
अंतिम साधन दैव कहावा। कर्म सिद्धि के हेतु बताया ॥ 14 ॥

मन वाणी अरु तन सन जोई। मानव कर्म करहि जो कोई।
शास्त्र विहित अथवा विपरीता। यहहि पांच कारण तेहिं कीता ॥ 15 ॥

मनुज किन्तु जानत यह कारण। सो कुबुद्धि वश करहि निवारण ॥
शुद्ध रूप आत्मा जो आही। ताहि कर्म कर हेतु बताई ॥
सो यथार्थ कर नहिं पहिचानहिं। मलिन बुद्धिवश भज अज्ञानहिं ॥ 16 ॥

मैं कर्ता जेहि के मन माहीं। नहिं अस भाव तासु हिय माहीं ॥
ताकर बुद्धि लिप्त नहिं होई। जे पदार्थ जग कर्म समोई ॥
जद्यपि सो मारहिं सब लोका। तदपि न पाप न बंधन ओका ॥ 17 ॥

दोहा: कर्म प्रेरणा तीन विधि, ज्ञाता ज्ञान अरु ज्ञेय।
कर्ता कर्म क्रिया त्रयी, संग्रह कर्मन येय ॥ 18 ॥

चौपाईः शास्त्र जो गुण गणना कर जोई। ज्ञान कर्म कर्ता गुन गोई॥
तीन तीन तिनके गुन गाये सुनहु सो सब जेहि भाँति बताये॥ 19॥

पृथक पृथक भूलन महँ जोई। एकहि ब्रह्म सबन मह होई॥
जो अस ज्ञान मनुष्य बताया। सुनहु सो सात्विक ज्ञान कहावा॥ 20॥

चौपाईः सकल भूत जो भिन्न जनावा। अलग अलग सब भाव बतावा॥
जो अस ज्ञान सो अर्जुन सुनहु। राजस ज्ञान ताहि तुम गुनहु॥ 21॥

किन्तु ज्ञान इक कर्मीहिं जानी। जो अति तुच्छ ताहि सब मानी॥
रहहिं लिप्त जानहिं नहिं साँचा। ताकहँ ज्ञान तामसी जाँचा। 22॥

नियत शास्त्र विधि सों जो कर्मा। नहिं कर्तापन कर कछु भर्मा।
राग-द्वेष विनु विनु फल चाही। सात्विक कर्म कहहिं सब ताही॥ 23॥

दोहा: बहुत परिश्रम युक्त जो, वा भोगन हित होय।
पुरुष अहङ्कारी करहिं, कर्ता राजसि होय॥ 24॥

चौपाई : हिन्सा हानि अन्त नहिं जाना। नहिं सामर्थ्य विचारहु ज्ञाना॥
करत जाहि कछु ज्ञान न जाना। तामस कर्म ताहि सो माना॥ 25॥

कर्ता सङ्ग रहित सुविचारी। अहम सहित नहिं वचन उचारी॥
धैर्य और उत्साह समेता। सिद्धि-असिद्ध नाहिं कछु हेता॥
हर्ष न शोक न कछू विकारहु। अस कर्ता सात्विक तुम जानहु॥ 26॥

कर्मन महिं आसक्ति सदा ही । जो निज कर्मन कर फल चाही ॥
कष्ट दूसरन को जो देई । शुभ आचरन न राखहिं सोई ॥
लोभी हर्ष शोक लपटाने । तिन कहँ कर्ता राजस जाने ॥ 27 ॥

शिक्षा रहित अयुक्त घमण्डी । धूर्त आलसी अति दुःख भण्डी ॥
औरन की जीविका विनासें । कर्ता तामस कहिये तासें ॥ 28 ॥

दोहाः सुनहु धनञ्जय ! कहहुँ मैं, बुद्धिरु धृति गुण तीन ।
भेद सहित वर्णहुँ तिनहिं, सहित विभाग प्रवीन ॥ 29 ॥

चौपाईः जो प्रवृत्ति-निवृत्ति पहिचाना । अकर्तव्य कर्तव्यहु जाना ॥
भय अरु अभय भेद जेहि चीन्हा । बन्धन मोक्षहिं अन्तर कीन्हा ॥
इन कहँ जो यथार्थ गुन लेहीं । सात्विक बुद्धि कहहुँ मैं तेही ॥ 30 ॥

सुनहु पार्थ जेहि बुद्धिहिं द्वारा । जानहिं धर्म अधर्म विचारा ॥
निज कर्तव्य अकर्तव्यहु जानहिं । इन कर वे यथार्थ पहिचानहिं ॥
जाकर यहि विधि बुद्धि सुहाई । सोइ राजसी बुद्धि कहाई ॥ 31 ॥

बुद्धि तमोगुण सों जो घेरी । कहहिं अधर्महिं धर्म निवेरी ॥
सब पदार्थ मानहिं विपरीता । तामस बुद्धि तासु अस चीता ॥ 32 ॥

जो धारणा शक्ति धृति गाई । सो यह प्रभुहित करहिं उपाई ॥
धारहिं इन्द्रिय मन अरु प्राणा । ताहि सात्विकी धृति अस जाना ॥ 33 ॥

चौपाई : पार्थ सुनहु जो धृति मैं कहहूँ। सो धारणा शक्ति तुम लहहू ॥
फल की इच्छा जे नर धारहिं। जोइ धारणा शक्ति सम्भारहिं ॥
जेहि वल धर्म अर्थ अरु कामा। धारण करहिं सकल अभिरामा ॥
अस धारणा शक्ति जो अहही। अर्जुन ताहि राजसी कहहीं ॥ 34 ॥

दुष्ट बुद्धि मानव जे आही। जेहि धारणा शक्ति से ध्याहीं ॥
निद्रा भय चिन्ता दुःख भारहिं। जेहि धारणा शक्ति बस धारहिं ॥
उन्मुत्तहु नहिं छाँडन चहहीं। सो तामसी धारणा अहही ॥ 35 ॥

दोहाः भरतश्रेष्ठ मो सन सुनहु, सुख प्रकार जे तीन।
प्रथम कहहुँ सात्विक सुखहिं, सुन चित धरहु प्रवीन ॥ 36क ॥

चौपाईः जेहि सुख ध्यान भजन नर करहीं। सेवादिक अभ्यास सुमिरहीं।।
जेहिते दुःख पावहिं सब नासा। विषमिव प्रथम होत अभासा ॥
अन्त जासु अमृत सम मानी। आत्मबुद्धि प्रसाद उपजानी ॥
इहि प्रकार कर सुख जो गावा। तासु सात्विक नाम कहावा ॥ 36-37 ॥

विषय और इन्द्रिय संयोगा। सुख उपजहिं सो मानुष भोगा ॥
भोगत तेहिं अमृत सम जाना। अन्त जासु फल विषमय माना ॥
अस सुख हे अर्जुन जो अहहीं। राजस सुख तिन कहँ बुध कहही ॥ 38 ॥

जो सुख भोगत अरु परिणामहु। होय आत्मा मोहित जा महुँ ॥
जेहिं निद्रा आलस्य प्रमादा। सो तामस सुख जान प्रसादा ॥ 39 ॥

पृथ्वीतल अथवा आकाशा। देवहु, जेहिं लगि सृष्टि प्रकाशा ॥
औरहु नहिं कछु सत्व जहाँही। प्रकृति जनित तीनहु गुण नाहीं ॥ 40 ॥

दोहाः ब्राह्मण क्षत्रिय वैश्य जे, शूद्रन हू के कर्म।
जेहि स्वभाव गुण ऊपजे, किय विभाग तेहि मर्म ॥ 41 ॥

दोहा: शम दम तप अरु शौच बतावा। जप आर्जव आस्तिक्य सुहावा ॥
ज्ञान और विज्ञान स्वभावा। ये ब्राह्मण कर कर्म बतावा ॥ 42 ॥

शूर वीरता तेज धीरता। चतुराई रण महँ अभीरुता ॥
दानवीर अरु शासन धर्मा। क्षत्रिन केर स्वभाविक कर्मा ॥ 43 ॥

खेती गौ पालन व्यौपारा। वैश्य स्वभाविक कर्म विचारा ॥
परिचर्या स्वभाव अनुसारा। शुद्रन केर कर्म निरधारा ॥ 44 ॥

चौपाई : निज-निज स्वभाविक जे कर्मा। करत सु तत्परता सन धर्मा ॥
पावहिं परम सिद्ध यह लागी। भगवद् प्राप्ति जगत उपरागी ॥
जेहि विधि परम सिद्धि नर पावहिं। थरहु चित्त विधि तुमहिं सुनावहिं ॥ 45 ॥

जेहि परमेश्वर जगत जनाया। जो सब भूतन माहिं समाया ॥
निज स्वभावगत कर्मन द्वारा। पूजत सिद्ध होय भव पारा ॥ 46 ॥

दोहा: करहि आचरण उच्चतम, जो पालत निज धर्म।
विनु गुण उत्तम मानिये, जैसो हो निज धर्म ॥ 47क ॥
निज स्वभावगत कर्म जो, कीन्हो निश्चित जान।
नहिं पावहिं कुछ पाप कहँ, मनुज धर्म निज मान ॥ 47ख ॥

चौपाईः जो निज कर्म सो तजिये नाहीं। यद्यपि दोष होंय तेहि माहीं ॥
जेहि विधि अग्नि धूममय होई। तेहि विधि सकल कर्म निज जोई ॥ 48 ॥

जो आसक्ति रहित सर्वत्रा। रहित स्पृहा बुद्धि पवित्रा ॥
जेहि अन्तःकरणहिं निज जीता। आत्म संयमी पुरुष अतीता ॥
सो सन्यास योग के द्वारा। फल तज कर्म सिद्धता धारा ॥ 49 ॥

निष्ठा परा ज्ञान की सोई। जेहिं निष्काम कर्म कर जोई ॥
पावहिं परम ब्रह्म जेहि हेती। मैं संक्षेपहिं कहिहहुँ तेती ॥ 50 ॥

होय शुद्ध निज बुद्धी द्वारा। धर धीरज मन वश कर डारा।
त्यागहिं इन्द्रिय विषय समूहा। राग द्वेष कर छाँड़हिं जूहा ॥
चौपाईः जे एकान्त देश महँ बसही। भोजन स्वल्प लेय तन कसही ॥
मन वाणी तन वश महँ राखहि। चित्त समाधी माहिं विराजहि ॥
सो सब विधि विराग मय अहही। मिथ्या अहङ्कार नहिं लहही ॥
मिथ्या गर्व, शक्ति कर भावा। तासु हृदय नहिं तनिक सुहावा ॥
काम क्रोध अरु भौतिक साधन। तिन कर संग्रह नहिं मन भावन ॥
नहिं मिथ्या स्वामीपन भावहि। सदाशान्ति मन माहिं विराजहि ॥
सो सच्चिदानन्दघन माहीं। होय पात्र नर पद सो पाहीं ॥ 51-52-53 ॥

दोहा: इहि विधि स्थित ब्रह्म महँ, योगी जन जो होय।
मन प्रसन्न ताकर सदा, कछु न कामना सोय ॥ 54क ॥
ताके मन नहिं शोक कुछ, सकल जीव सम भाव।
सो योगी इहि काल महँ, परा भक्ति मम पाव ॥ 54ख ॥

चौपाई : यहि विधि परा भक्ति जब होही। जानहिं मोहि जो अरु जस जोही ॥
अस भक्तीवश जानत मोही। तुरत मोहि महँ प्रविशित होही ॥ 55 ॥

मोर परायण जो अस योगी। सकल कर्म सो करत सुयोगी ॥
पाय सनातन पद अविनाशी। मोर कृपा पद परम सुपाशी ॥ 56 ॥

मम अर्पण करहू सब कर्मा। सब बुद्धी मन धारहू मर्मा ॥
मोर परायण सो तुम होही। चित्त निरन्तर ध्यावहु मोही ॥ 57 ॥

जो चलिहहु मो महँ चित धारा। मोर कृपा सङ्कट सब टारा ॥
अहङ्कार वश वचन न सुनहू। नष्ट होय परमारथ गिरहू ॥ 58 ॥

अहङ्कारवश जो यह मानहू। मैं नहिं करहुँ युद्ध केहि भाँतिहू ॥
तो मिथ्या यह निश्चिय तोरा। तोर स्वभाव करहि बरजोरा ॥
चौपाईः बरवश करहि युद्ध रत तोही। जस स्वभाव तस कर्महु होही ॥ 59 ॥

कुन्तीपुत्र मोह वश जोई। करन नहीं चाहत तू सोई ॥
निज स्वभाव वश सो तुम करहू। पूर्वकाल बंधन अनुसरहू ॥ 60 ॥

दोहा: तन रूपी इस यन्त्र में सब प्राणी आरूढ।
सबके हृदय विराजते, परमेश्वर अति गूढ ॥ 61क ॥
भ्रमण करावहिं जीवहीं, निज माया के जोर।
जैसे जाके कर्म हैं, तैसे ताके ठौर ॥ 61ख ॥

चौपाईः सब विधि गहहु ईश की शरणा। भारत जेहि प्रकार मैं वरणा ॥
ताकर कृपा शान्ति तुम पावहु। धाम सनातन को तुम पावहु ॥ 62 ॥

यही विधि जो सब ज्ञान सुहावा। गोपनीय अति तुनहिं सुनावा।
सब प्रकार बहु भाँति विचारी। करहु जु इच्छा होय तुम्हारी ॥ 63 ॥

सकल गोपनीयन सन जोई । गोपनीय मम वचन जु होई ॥
सो रहस्य मय पुनि तुम सुनहू । मोर वचन थित नित मन गुनहू ॥
जानहुँ मैं अतिशय प्रिय तोही । तासन पुनः कहहुँ सुनु मोही ॥ 64 ॥

हे अर्जुन! लावहु मन मोही । मोर भक्त बन पूजहु मोही ॥
करहु प्रणाम सश्रद्धा मोही । इहि विधि पावहुगे तुम मोही ॥
यह मम सत्य प्रतिज्ञा जानहु । मो कहँ तुम अतिशय प्रिय मानहु ॥ 65 ॥

दोहा: सब धर्मन कर त्याग कर, मोहि सर्वेश्वर जान ।
मोर परायण होहु तुम, गहहु शरण मोहि मान ॥ 66क ॥

चौपाई: सब पापन से मैं करहुँ, मुक्त तुमहिं यह जान ।
अस विचार मम वचन सुन, सोच न करहु सुजान ॥ 66ख ॥

यह रहस्य मय गीता गावा । यह उपदेश न काहु सुनावा ॥
जा नर कर तप नहिं कछु होई । जाकर भक्ति न मन महँ कोई ॥
जाहि न ये सुनवे कर चावा । मो मह दोष दृष्टि दुर्भावा ॥
इन सन कबहुँ कहहि नहिं ज्ञाना । राखहि गोय रहस्य सुजाना ॥ 67 ॥

मो महँ पुरुष प्रेम जो राखे । अति रहस्यमय ज्ञानहिं भाखै ॥
वरणहि भक्तहिं गीता ज्ञाना । पावहिं मोहि न संशय जाना ॥ 68 ॥

यह प्रिय कार्य करइ मम जोई । नहिं कोउ तासन बढ़ कर होई ॥
ता सन कोउ पृथ्वी तल माहीं । अहहि न प्रिय कोउ होनहुँ नाहीं ॥ 69 ॥

मम सम्वाद रूप यह ज्ञाना। गीताशास्त्र धर्म मय जाना ॥
जो यह पढहिं पुरुष धर ध्याना। ज्ञान यज्ञ पूजित मैं माना ॥ 70 ॥

जे नर श्रद्धा धर हिय माहीं। दोष दृष्टि जाके कुछ नहीं ॥
गीताशास्त्र सुनाहि धर ध्याना। तासु पाप सब जात नशाना ॥
पवहि श्रेष्ठ लोक मम सोई। उत्तम कर्म करत जो होई ॥ 71 ॥

दोहा: गीताशास्त्र सुनेउ तुम, निज मन महँ चित धार।
भयहु नष्ट सब मोह तब, जो अज्ञान विसार ॥ 72 ॥

अर्जुन कथन:

चौपाईः अच्युत कृपा आप की पाई। मोह भावना सकल नसाई ॥
मोहि सकल स्मृति है आई। मैं स्थित संशय नहिं छाई ॥
अब मो कहँ जसु आयुश होई। तब इच्छा जस करिहहुँ सोई ॥ 73 ॥

सञ्जय कथन:

सञ्जय कहेउ सुनहु हे राजन ! इहि विधि सुनेउ सकल सम्भाषण ॥
श्री वसुदेव कहेउ अर्जुन सन। सुनु रोमाञ्च होत मोहि क्षन क्षन ॥
अति अद्भुत रहस्यमय सोई। अति आनन्द करण सो होई ॥ 74 ॥

व्यास कृपा सन मैंने पाई। दिव्य दृष्टि सो भई सहाई ॥
गोपनीय अति योग सुहावा। वासुदेव अर्जुन प्रति गावा ॥
सो सब निज श्रवनन मैं सुनेहू। सब प्रत्यक्ष यथा मैं कहेहू ॥ 75 ॥

राजन ! सुनहु कृष्ण जो गावा। अर्जुन कहं सो तासु सुनावा ॥
अति रहस्य मय अरु कल्याणी। गोपनीय अति अद्भुत वाणी ॥
सुमिर सुमिर तेहिं मैं हर्षाहूँ। हिय आनन्द न मोद समाहूँ ॥ 76 ॥

चौपाईः श्रीहरि कर लख अद्भुत रूपा। अमित विलक्षण महत् अनूपा।
पुनि पुन मैं सुमिरन कर सोई। अति आश्चर्य चकित मति होई।
सुमिर सुमिर हर्षित मन मोरा। मोरे तन रोमञ्च न थोरा ॥ 77 ॥

दोहा: योगेश्वर श्रीकृष्ण जहँ, पार्थ धनुर्धर वीर।
विजय विभूति सुनीति तहँ, मो मत निश्चित धीर ॥ 78 ॥

॥ ॐ तत्सदिति श्रीमद्भगवद्गीता सूपनिषत्सु ब्रह्मविद्यायां योगशास्त्रे
श्रीकृष्णर्जुनसंवादे मोक्षसन्नयासयोगो नाम अष्टादशोऽध्यायः ॥ 18 ॥

****

हरिः ॐ तत्सत् हरिः ॐ तत्सत् हरिः ॐ तत्सत्

****

॥ ॐ श्रीपरमात्मनेनमः ॥
गीतागुञ्जन
श्रीमद्भगवद्गीता का संस्कृत से काव्यानुवाद

॥ अथ अनुवादक कृत उपसंहार ॥

दोहा: अतुलित प्रभु की कृपा से, कार्य हुआ सम्पन्न ।
माँ वाणी गुरु की कृपा, मन हो गया प्रसन्न ॥

कार्य बडा था बुद्धि लघु, नहीं भक्ति नहिं ज्ञान ।
लेकिन जिसका कार्य था, उसने किया निदान ॥

मेरा मुझको क्या भला? उसका ही आशीश ।
उसको ही अर्पित करूँ, धर चरणों में शीश ॥

गीता अनुपम शास्त्र है, वाणी हरि की जान ।
उसको कैसे क्या कहें, सब विद्वान अयान ॥

हुई उन्हीं की प्रेरणा, उनका ही वरदान ।
मैं तो मात्र निमित्त हूँ, प्रभु के वचन प्रमाण ॥

जैसा मुझसे है बना, वैसा दिया बनाय ।
जैसी जिसकी भावना, वैसा उसको भाय ॥

भाषा भाव अनन्त हैं, दीन्हा सार निचोर।
नीका नीका गह रहें, त्रुटियाँ देय पछोर॥

विनय 'शून्य' की है यही सब ही से कर जोर।
करें विसंगतियाँ क्षमा, सुजन हृदय की कोर॥

दिन अगस्त सोलह शशी, दुइ सहस्त्र दस वर्ष।
श्रावण शुक्ला सप्तमी, तुलसी जन्म सुहर्ष॥

॥ अति अनुवादक कृत उपसंहार॥

www.ingramcontent.com/pod-product-compliance
Lightning Source LLC
LaVergne TN
LVHW061550070526
838199LV00077B/6986
* 9 7 8 9 3 9 3 3 8 6 4 5 8 *